Buenos Días,

INTELIGENCIA EMOCIONAL...

Dra. Emilia Concepción, PhD, PCC

Buenos Días,
INTELIGENCIA EMOCIONAL...

Dra. Emilia Concepción, PhD, PCC

CRÉDITOS

Autor: Dra. Emilia Concepción, PhD, PCC

Editora: Yasmín Rodríguez

Diseño de Cubierta y Montaje: Gil Acosta Design

Fotografía Dra. Concepción: Claudia Ann Nieto

Producción: The Writing Ghost, Inc.

Este libro y todo su contenido es resultado de la imaginación y pensamientos del autor. Este libro no representa ni reclama ser otra cosa que la opinión sincera del autor sobre los temas tratados.

Catalogación de la Biblioteca del Congreso: LCCN: 2016906564

ISBN-13: 978-0-9975402-0-8

Primera Edición, 2016

Dedicatoria ▎

Para ti, Javier, mi gran amor. Agradezco haberte tenido en mi vida. Eres un ser muy especial en quien he confiado como mi apoyo. No importa qué situación, circunstancia, momento o instante, has estado ahí para mí, para protegerme y completarme como mujer, y más importante, como persona. Hemos "crecido" juntos, riendo, llorando, experimentando, aprendiendo y celebrando los momentos importantes que ameritan ser celebrados.

Gracias por ser mi promotor más grande. Reconozco que aunque no hayas estado muy convencido de todas mis ideas o decisiones, has creído en mí lo suficiente como para haberme motivado a seguir mi intuición y metas. Ese amor tan grande que abiertamente demuestras continuamente por la vida, los hijos, nietos, familia, y más importante, hacia la protección de nuestra relación, ha sido una enseñanza importante para mí.

Si me preguntasen cuál ha sido el valor neto más relevante que me llevo de ti y de nuestra relación y matrimonio, diría que es haber aprendido a aceptarte tal cual eres, y tú me has ayudado a valorar quien soy. Eso definitivamente no es fácil, y estoy eternamente agradecida por las lecciones que la vida nos ha dado, porque las hemos aprendido juntos.

Te dedico mi libro, y mi vida. Celebremos juntos...

Agradecimientos

Escribí este libro con mucho entusiasmo, responsabilidad y satisfacción; tiene principio y tiene su fin. Sin embargo, a través del tiempo me he encontrado en la necesidad y el deseo de depender de otras personas para lograr muchas de las facetas de mi vida.

Agradezco a mis padres por la herencia de quien soy hoy día y por ser filtros importantes para asimilar sus valores tan profundos. Mamá, aunque no estés aquí, siento que mucho de lo que soy hoy, lo aprendí por tus enseñanzas y valores.

A Yasmín, mi editora, alguien que reconozco es muy distinta a mí en su manera de ser y sin embargo me he identificado con ella y su gran dominio del idioma. Abierta y flexible, atributos que la hacen un recurso de mucho valor. Gracias mil, por tu apertura a ver las cosas desde mi perspectiva.

A Socorro Rivas, quien en principios fue una de mis clientes, y quién admiré mucho por su gran liderazgo, ahora la considero mi estimada amiga. Gracias mil por ser parte de mi proyecto.

Gracias a todos mis aliados, amigos y clientes que me recordaron continuamente sobre mi libro, motivándome a terminarlo y serle fiel a mi valor de cumplimiento.

Tabla de contenido ▮

Prefacio ▮

¿Qué debes responder a este saludo? No lo sabrás al leer los primeros capítulos de este libro, ni en los próximos, ni al final... Solo cuando estés convencido de que hay una oportunidad de mejoramiento para ti como individuo, es cuando responderás al saludo con *"Bienvenida, Inteligencia emocional"*.

La autora del libro, doctora Emilia Concepción, y esta servidora nos conocemos profesionalmente hace unos cuantos años, cuando ella estaba en el área de mercadeo de una compañía de tecnología. Lejos estaba de visualizar el rumbo que tomaría profesionalmente, aunque en justicia tengo que decir que siempre se proyectó como educadora, con un gran dominio de los grupos. Vemos ese rol durante todo el libro, y más adelante lo comentaré más.

Primero quiero decir que, ¡me siento sumamente honrada de escribir este prefacio! Quizás en la mente de la escritora estaba probar las aguas sobre la aceptación del libro y sus conceptos con una persona que responde mucho a la parte lógica, objetiva y medible: la parte del intelecto. En muchas instancias considero el componente emocional del individuo como algo instintivo, que fluye de manera natural y espontánea. Ante esto, la escritora tiene el gran reto de educarme y de educar a todos sus lectores, quizás aceptando que hay algo de lo anteriormente dicho, y de convencernos que el manejo de nuestras emociones es una destreza que puede ser adquirida, moldeada y manejada de manera efectiva.

A ti lector, de inicio te digo que la lectura de este libro es bien liviana y jocosa, y la escritora lleva los conceptos a su forma más simple posible. Sin darte cuenta, la escritora te toma de la mano y comienza un cuento que ella protagoniza, pero en el que tú eres actor también. Te involucra de tal forma que cuando te das cuenta, casi le estás contestando en voz alta las preguntas que te formula.

De igual manera, según vas leyendo, vas haciendo la lista de las personas a las que le recomendarías, o más proactivamente, le regalarías el libro. Aun cuando la escritora en un momento te dice: *"No eres responsable de salvar a los demás y pensar que estas herramientas son para que puedas cambiar a las personas que continuamente se relacionan contigo. ¡La salvación es individual! Si cada individuo evalúa su vida, y decide mejorar las áreas que lo retan, entonces por deducción todos los seres humanos caeremos en una interrelación perfecta".* Pero la tentación está ahí, haz la lista…

Ahora regreso a la escritora como educadora, como "coach". Después que termines el libro, ¡solicita créditos de educación continuada! Claro, si hiciste los ejercicios y contestaste las preguntas. Como educadora te presenta los temas, hace amplio uso de ejemplos tanto de situaciones de ella, personales, como otros obtenidos quizás de sus experiencias. Esa es una primera estrategia para que entiendas los conceptos de la inteligencia emocional. Segunda estrategia: una vez completa un capítulo, ella prepara una síntesis de lo presentado y te formula una serie de preguntas para reforzar conocimientos.

Sí, querido lector, si desde el inicio quieres comenzar a trabajar para aumentar tus destrezas relacionadas a la inteligencia emocional, agarra un papel y comienza a trabajar en el Cuadrante de Cambios que se te presenta en la página 41.

La escritora nos dice que el objetivo fundamental al escribir el libro es "apoyarte en conocer y aprender cómo tus emociones, y en específico tu inteligencia emocional, puede marcar una diferencia en la calidad de tu vida y el efecto que continuamente tienes en los demás". La escritora logra su objetivo si según avanzas en la lectura le vas quitando el protagonismo a la escritora y te apoderas de las historias, relacionándolas contigo como individuo y con las personas que te rodean.

Comparto un pensamiento sin querer diezmar las enseñanzas y el refuerzo de las destrezas emocionales dirigidas al individuo como persona, interactuando en sus actividades del día a día con familiares, amigos, etc. Aunque reconozco que no es el enfoque del libro, me hubiera gustado ver que se adentrara un poco en el refuerzo de las destrezas en el ambiente laboral y profesional.

La escritora clara e intencionalmente usa el verbo "apoyar". No dice modificar, cambiar, etc. Solo cuando estés convencido de que hay una oportunidad de mejoramiento para ti como individuo, es cuando responderás al saludo con *"Bienvenida, Inteligencia emocional"*.

Emilia, amiga, sigo pensando que hay aspectos instintivos, espontáneos en las diferentes expresiones y matices de la Inteligencia Emocional, solo que ahora reconozco que hay una ristra de destrezas que puedes aprender y desarrollar que enriquecerán tu vida.

"¡Bienvenida, Inteligencia Emocional!"

Socorro Rivas Rodríguez
Ex Presidenta/CEO Triple-S Salud, Inc.

Buenos Días, INTELIGENCIA EMOCIONAL...

Buenos Días,

INTELIGENCIA EMOCIONAL...

Dra. Emilia Concepción, PhD, PCC

Introducción ∎

> *La deficiencia más grande de la universidad es la inteligencia emocional*
>
> Profesor Bump

M e ha tomado más de dos años completar este libro, porque deseaba tener la oportunidad y el tiempo para compartir contigo un contenido que fuese interesante y a la vez útil para apoyarte con una de las áreas más complejas como ser humano: **Tus emociones.**

Entender qué te provee alegría, tristeza, enojo y hasta felicidad, no es sencillo. Aquellas cosas que pudieran satisfacerte en un día dado, pudieran ser lo mismo que te enoja en otro momento. Tal vez es fácil estar de acuerdo conmigo porque ya lo has experimentado más de una vez. Este libro trata sobre eso: entender mejor tu vida y las situaciones que experimentas a la luz de tus emociones.

Hola. Quiero presentarme formalmente y compartir mi trasfondo antes de que te aventures a leer este libro. Soy la doctora Emilia Concepción: mujer, madre, esposa, abuela, y empresaria. Tengo 3 hijos maravillosos y 5 nietos que fluctúan entre las edades de 8 y 16 años. He tenido la gran bendición de haber contado con unos maravillosos padres, quienes dieron lo mejor de ellos tanto para mí como para mis hermanas.

Mi esposo, Javier, ha sido mi compañero fiel por los últimos 38 años. Nos conocimos en la escuela, cuando yo estaba en noveno grado y él en escuela superior. Fuimos novios por 6 años antes de casarnos. Pensándolo ahora, tal vez fuimos novios por tantos años porque no teníamos aún la edad o la madurez para casarnos. Reconozco que mi familia es mi apoyo y mi norte. Aquellos que me conocen o han compartido conmigo en algunos de mis talleres ya lo saben: mi familia es la razón principal por la cual he tomado y cambiado en más de una ocasión mi rumbo de vida.

Desde la perspectiva profesional, soy coach certificada en el área corporativa y de negocios como también de vida (Life Coach). Completé un bachillerato en ciencias sociales, una maestría en Leadership Coaching Psychology (o "coaching psicológico para el liderazgo", según el término aceptado en español) y posteriormente un doctorado en psicología industrial/organizacional. Poseo además una certificación en inteligencia emocional que ha marcado significativa y positivamente mi carrera profesional y personal.

Durante los últimos 10 años he trabajado como empresaria, apoyando a las organizaciones en el desarrollo estratégico de sus empresas. En específico, me especializo en el desarrollo de líderes y más ampliamente en el desarrollo organizacional. Mi misión es alinear el recurso humano con la planificación estratégica. Podríamos decir que me enfoco en el aspecto humano del negocio. Me defino como un recurso que, más que mirar lo que no está funcionando dentro de una organización, pienso que soy efectiva evaluando y recomendando cómo se puede mejorar lo que ya existe.

Mi misión como psicóloga y coach es promover ambientes de trabajo idóneos para mejorar la integración de equipos de trabajo, manejar efectivamente los conflictos (¡algo que apenas existe hoy día, por supuesto!), mejorar las destrezas de comunicación y proveer coaching ejecutivo, entre otros.

En el ámbito de mi práctica de coaching de vida, trabajo como coach de relaciones de parejas: una práctica que me apasiona. Tal vez es porque estoy felizmente casada con mi perfecta mitad. ¡Ah!, y sin contar los primeros 6 años de noviazgo que te comenté. ¡Por favor, no trates de adivinar mi edad!

Como parte de mi filosofía personal, dono (pro-bono) aproximadamente el 10% de mi tiempo a diferentes instituciones y organizaciones sin fines de lucro, según así lo soliciten, para apoyarlos en sus gestiones del desarrollo humano. Es una filosofía que adopté cuando comencé mi práctica. Piénsalo como mi diezmo, un deber ético y moral, porque deseo contribuir a mejorar las condiciones de la sociedad en la cual convivimos y compartimos. Siento en mi corazón que esta aportación es una de muchas oportunidades que tengo para reciprocar los dones que nuestro Ser Superior nos regala.

He colaborado con cientos de profesionales e individuos, apoyándolos para elevar su entendimiento sobre las emociones y cómo estas pueden ayudarlos adversa o positivamente en su trabajo. Sin duda, mejorar los aspectos emocionales te proveerá herramientas útiles para evaluar quién eres, cómo lograr tus objetivos y hasta entender cómo influyen en las decisiones que tomas. Las emociones se entrelazan y se conectan continuamente entre los aspectos personales y profesionales. Es una lucha constante buscar maneras para balancear e incrementar los niveles de satisfacción entre ambos mundos complejos.

¿Cómo llegue a donde estoy hoy? Esa es una larga e interesante historia. No obstante, compartiré la versión abreviada...

1

Mi historia
El comienzo

U na vez finalicé mi bachillerato, me percaté que hallar un trabajo sin tener experiencia era como solicitar un préstamo sin experiencia de crédito. Si no tienes experiencia de crédito, no te aprueban un préstamo. Entonces, ¿qué llega primero: la gallina o el huevo? Por tanto, en aquel momento decidí que, si deseaba adquirir experiencia, debía estar dispuesta a comenzar con cualquier oportunidad que surgiera.

Casualmente, mi primera oportunidad significativa de trabajo estuvo relacionada al área de ventas y mercadeo. Esta historia a muchos le llama la atención, tal vez porque piensan que las ventas y la psicología aparentan no estar relacionadas entre sí. Sin embargo, al final del día los psicólogos somos vendedores o promotores de ideas, ¿no creen?

Buenos Días, INTELIGENCIA EMOCIONAL...

Permíteme explicarte cómo ambos mundos se conectan. Me llaman la atención los procesos de cómo las personas "vendemos ideas". Lograr mover un "no" a un "sí" es definitivamente una ciencia.

Cuando logres entender cómo satisfacer la necesidad de un cliente (satisfacer necesidades es un aspecto del comportamiento humano, por si no lo habías descubierto ya), entonces tendrás éxito en la profesión de "vendedor". Vender productos y servicios no es otra cosa que vender "ideas". A medida que conozcas más sobre el ser humano y sobre sus necesidades, entonces estarás mejor preparado(a) para conectar e influir en ellos.

Ok, me desvié del tema. Bueno, ya llevaba 20 años colaborando en diferentes organizaciones cuando percibí que había llegado a un punto de mi carrera profesional (para aquel entonces ocupaba la posición de vicepresidente de ventas y mercadeo en una empresa de tecnología) en el cual tenía un llamado más importante. Entendí que ya estaba lista para trascender a otras funciones, y compartir mis experiencias como líder y gerente. Ahora me percato que ese fue probablemente mi llamado profesional para comenzar.

En el 2008, buscando convertirme en mejor líder para mi equipo de trabajo, decidí completar una certificación de coaching. Sin embargo, durante mi proceso de formación como coach descubrí, para gran sorpresa mía, que esa preparación motivó en mí una de las transformaciones más dramáticas de mi vida, tanto profesional como personal. El coaching me proveyó una oportunidad de conocer más sobre el comportamiento humano, y más importante aún, de conocerme mejor.

Por tanto, una vez completé mi certificación como coach de negocio (business coach) y de vida (life coach), tomé la decisión de comenzar mi empresa. Lo formalicé con el objetivo de apoyar y compartir con otros líderes mis conocimientos y experiencias. Más aún, quise proveer herramientas para servir mejor a la organización, por las cuales cada líder trabaja, y enseñarles técnicas y destrezas que me hubiese encantado muchísimo haber tenido cuando yo estaba en mi propia formación profesional. Una vez completé mi certificación renuncié a mi trabajo, y el resto ya es historia...

Cómo soy

Soy esencialmente sentimental y sensible. Ser emocional a veces me favorece, y en otras ocasiones tengo que reconocer que no le obtengo beneficio alguno. En aquel tiempo, antes de mi preparación académica, pensaba que mis estados emocionales serían mi continuo Talón de Aquiles y un continuo reto, y que debía resignarme a vivir en constante lucha y batalla para "controlar esas emociones".

¿En qué invierto mi tiempo "libre"? Me encanta el turismo interno (hoy día le llaman "chinchorrear", ¡ja!), disfruto compartir con mi esposo (con él todo es más fácil) y mi familia. Muchos de mis amigos y colegas comentan que apenas duermo en mi casa debido a mi trabajo y a las actividades de mi vida familiar. Trabajo fuerte, aunque también disfruto las cosas buenas de la vida social y familiar; en fin, soy intensa en muchas de las cosas que hago.

Continuando con mi trayectoria... Un año más tarde de haber

fundado mi práctica, hace nueve años, tuve la oportunidad de completar una certificación en inteligencia emocional.

Estas experiencias me proveyeron una serie de herramientas prácticas para apoyarme en el manejo de mis emociones.

El entendimiento sobre los aspectos emocionales despertó en mí una fascinación de conocer más sobre cómo las personas, incluyéndome por supuesto, utilizamos las emociones dentro y fuera de los ambientes de trabajo sin entenderlas por completo. En muchas ocasiones no estamos claros sobre cómo nos afectan. A través de mi libro, conocerás más sobre el tema, te lo prometo.

Varios años después de haber formado mi empresa, me di cuenta que también era indispensable complementar mi práctica como coach con una base más sólida, desde un punto de vista científico. Por esa razón, tres años más tarde completé mi maestría y varios años más tarde completé mi doctorado.

Evaluando mi vida ahora y las decisiones que he tomado, debo reconocer que ha sido una vida interesante y sin duda, intensa, ¿no crees? Y me pregunto de vez en cuando si estaba consciente (o lo suficientemente cuerda) para entender lo que estaba haciendo cuando tomé estas decisiones drásticas. Inclusive, muchas personas me comentaban que eran descabelladas, ¡especialmente porque las metas y objetivos que he logrado, fueron en etapas posteriores de mi vida! Bueno, sin arrepentimientos...

Lo que sí comprendo ahora es que en algún momento dejé de escuchar, o mejor dicho dejé de consultar, las opiniones de otras personas. Algunos me comentaban que era una locura. Que conste, no tengo la menor duda que eran consejos bien intencionados. *"¿Chica, por qué te vas a meter en tantos líos en esta etapa de tu vida, si ya lo tienes todo?"*, o *"¿Estás loca? ¡No creo que lo vayas a lograr!"*, y también *"Mija, la mente se enmohece luego de los años."* Y así por el estilo.

Sin embargo, mi intuición, la cual mi esposo me comenta es más bien mi terquedad (¡jum!), conjuntamente con la visión que tenía sobre las metas que deseaba, era más fuerte que los obstáculos que enfrenté. Las metas que formulé fueron mucho más poderosas que las opiniones o sugerencias externas.

> *Los obstáculos son aquellas cosas horrorosas que ves cuando le quitas la vista a tus objetivos.*
> Anónimo

Reconozco que hubo muchos momentos difíciles, y demás está decirte las muchas lágrimas que derramé cuando sentía el agua llegar hasta el cuello. Inclusive, a manera de consuelo por si me arrepentía de alguna de las metas que establecí, ¡llegué a decir que intentaría completar mi meta de convertirme en doctora antes de cumplir los 90 años! Y aquí estoy, mucho antes de esa fecha.

No obstante, hoy siento y entiendo que esas lágrimas muy bien valieron la pena por lo importante de cada meta y lo que deseaba alcanzar. Deseaba ser responsable al contar con los conocimientos necesarios para apoyar a mis clientes con una base sólida, basada en mi preparación académica.

Así es que, con el apoyo incondicional de mi esposo (mi admirador más grande), mis padres e hijos, y por supuesto Dios, continué con mis objetivos. Ahora conoces un poco más de mí y de mi gran círculo de apoyo. Conste que cualquier similitud con la vida real tuya y la de los demás, ¡es pura coincidencia!

Ahora, ¿por qué te escribí este libro?

1ro:

Propongo proveerte acceso a información y herramientas que confío te ayudarán a entenderte mejor.

2do:

Quiero que aprendas cómo las emociones influyen en la manera en que piensas, sientes y tomas decisiones. Porque basado en estos factores, ellas determinan tu comportamiento. Me parece que entenderlas te ayudará a mejorar la calidad de tu vida.

3ro:

Te ayudaré a elevar tu nivel de satisfacción con las relaciones que tienes con el mundo y las personas que te rodean. Un mundo que ya sabes es sumamente complejo.

Es complejo, porque las personas que son parte de él ciertamente son tan complejas como tú. Esta complejidad se debe, primordialmente, a que estamos manejados o guiados en gran medida por las emociones.

Muchas veces ni siquiera estás consciente de cómo tus emociones guían tus pensamientos, tu comportamiento, tus decisiones y hasta tu vida. ¡No olvides que los demás, con toda probabilidad, confrontan los mismos retos que tú!

No creas ni por un segundo que tus retos son únicos (déjale eso a las víctimas). Te encuentras en un mundo compartido, donde de alguna manera u otra, todos tienen diferentes opiniones y reaccionan de maneras diferentes ante las mismas situaciones. Estas perspectivas están basadas, precisamente, en la manera que miras e interpretas tu mundo versus el de los demás.

4^{to:}

Como valor añadido, busco rescatar aquellos valores, tanto individuales como de sociedad, que se han perdido de alguna manera al pasar los años, debido a muchos cambios dentro de la sociedad y las personas que la componen. Conocerlos tal vez te permitirá mejorar las relaciones con las personas que te rodean. Eres miembro de una sociedad, en búsqueda continua de alternativas para enaltecerte, y de manera inevitable compartes los mismos espacios comunes y personales.

Mi objetivo fundamental

Apoyarte para conocer y aprender cómo tus emociones y más en específico, tu inteligencia emocional puede marcar una diferencia en la calidad de tu vida y en el efecto que continuamente tienes en los demás.

Si opinas que las emociones no juegan un papel tan importante, perfecto, entonces te invito a leer este libro. Si al final de la lectura de mi libro no has cambiado de opinión (¡No!, no te devolveré el dinero...), por lo menos tendrás razones adicionales para no coincidir conmigo. Indistintamente, entiendo que el valor de la información te servirá de alguna manera y en alguna etapa de tu vida, aunque inicialmente puedas opinar lo contrario.

¡Ah! Quisiera aclarar ciertos puntos antes de que continúes leyendo...

Primero, he diseñado este libro con lenguaje no muy técnico ni científico, para que puedas beneficiarte al máximo del tema. Sin embargo, periódicamente incluiré algunas citas o referencias de otros expertos y científicos en la materia, aunque prometo que trataré de resistir la tentación de hacerlo más de lo necesario. Estas referencias proveen mayor claridad de los conceptos. Evitaré, en la medida que pueda, abusar de la información o jerga técnica para mantenerlo ameno y liviano.

Segundo, este libro está basado en mis valores, conocimientos, vivencias profesionales y personales. Las comparto porque me han ayudado grandemente en mi formación como persona, mujer, madre, esposa y por supuesto, han ayudado a los clientes a quienes sirvo incondicionalmente. Es por esto que no todos los conceptos que describo en este libro pudieran servirte de la misma manera. Deberás evaluar tu situación y circunstancias particulares para determinar la mejor manera de aplicarlos, si corresponde.

Habiendo dicho esto, quiero aclarar que *Buenos Días, Inteligencia Emocional* **no** es un libro con información absoluta. Puedes muy bien estar o no de acuerdo con algunos conceptos, ideas y postulados que plasmo aquí. Es perfectamente natural, y hasta invito a pensar distinto a mí. Añadir ideas o pensamientos variados sobre un mismo tema es beneficioso para el crecimiento mismo del conocimiento.

¡Bienvenidos al mundo de la diversidad!

Sin embargo, mi expectativa es que si logro añadir aunque sea una pequeña idea o concepto a tu cajita de herramientas emocionales tan compleja, entonces, ¡misión cumplida!

Te invito a que a medida que leas este libro, filtres el contenido a través de tus experiencias pasadas y presentes, y lo utilices como referencia o base para tomar decisiones más acertadas.

Relaciónalo y conéctalo a los eventos que has experimentado o experimentas actualmente. Así lograrás entender y aplicarlo de manera objetiva. Evaluar la información meramente con tu mente e intelecto es totalmente válido (y estoy segura que lo podrás hacer), sin embargo, tal vez no obtendrás todo el o los resultado(s) que deseas.

Quiero que leas, marques y escribas en este libro aquello que entiendas es importante para ti, porque después de todo, ¡es tuyo! Sugiero que compres un diario o libreta para que puedas anotar lo que te reta actualmente o lo que deseas resolver, y a medida que leas este libro, establezcas un plan para utilizar o aplicar algunas de las ideas que comparto contigo.

Más importante, muévelo y experiméntalo a través de tus emociones, sentimientos, corazón y por supuesto, tu intelecto. Con estas expectativas comparto ahora mis conocimientos, vivencias y experiencias.... Aquí vamos.

Acompáñame, por favor.

2
Éranse una vez las emociones

> *Una de las cosas más trágicas que conozco sobre la naturaleza humana es que tendemos a posponer vivir la vida. Soñamos con un jardín mágico de rosas más allá del horizonte, en vez de disfrutar las rosas que están floreciendo hoy frente nuestra ventana.*
> Dale Carnegie

Tu vida cotidiana en un instante...

> Caminas por el supermercado y sientes que estás en una competencia de obstáculos. Las personas dejan sus carritos de compras en medio del pasillo impidiéndote

tu paso mientras ellos buscan mercancía en las góndolas. Te molestas, o te resignas, aunque decides no hacer comentarios o pedirles que los muevan porque no estás seguro(a) sobre cómo reaccionarán. Piensas después de todo que eso debería ser "sentido común".

⋆ ➤ Vas por una tienda por departamentos y encuentras que las personas frecuentemente conversan en el pasillo impidiendo el paso a los demás. Te irritas porque te "sacan por el techo" ya que nuevamente entiendes que el "sentido común" les debe decir que hay otras personas que también están de compras.

Piensas que si desean conversar, ¿por qué no se mueven a un área que no impida el flujo de otras personas? Horas más tarde, tu humor y tu estado anímico han cambiado y no puedes entender en qué momento, y mucho menos por qué, cambiaste. Peor aún, muchas veces no te das cuenta de ese cambio de humor.

⋆ ➤ Te agobias al manejar tu carro porque sientes que no hay cortesía al volante. Las personas no te ceden el paso y lamentas sobre todo haberte contagiado con los demás choferes descorteses. Sin embargo, te resignas porque percibes que ya es algo de nuestra cultura.

⋆ ➤ Ciertos días, tus emociones te cargan y hasta dices o haces cosas que no son parte de tu comportamiento típico. Cuando llegas al trabajo, no entiendes por qué ya estas irritado(a) o molesto(a). En adición, desconoces cómo bajar las revoluciones de las cosas que te suceden antes de llegar al trabajo o cuando llegas a tu hogar.

✶ > Quieres conversar con tu esposo(a) sobre algo que te ha estado inquietando desde hace algún tiempo. No obstante, no encuentras el momento ideal para conversar ni tampoco estás claro(a) sobre cómo decirlo. Piensas que si no se lo dices continuarán con los malos entendidos, y si se lo dices, anticipas no saber cómo tomará la información y, más aún, si la tomará de buena manera. Piensas que de todos modos al final terminarán peleando como de costumbre. Palo si bogas y palo si no bogas.

> Aprecias a tu mejor amiga(o), aunque a veces te revienta que siempre te está criticando y hace comentarios a destiempo. Cada vez que comenta algo sobre ti, sobre tu manera de pensar o hasta de tus decisiones, sientes ganas de decirle varias verdades. De todos modos los amigos debemos decirnos la verdad, ¿no es así?

Porque la(o) quieres y aprecias mucho, te aguantas. Al final sientes que estás pagando un alto precio ya que últimamente la(o) evitas. Piensas que si no interaccionas con el/ella no dañará tu día o mucho menos "su amistad".

> Estás molesto con tu hijo porque no sacó la basura y en medio de tu coraje le gritaste por enésima vez, sin obtener mejores resultados que las anteriores. Aunque reconoces que no estás siendo efectivo(a), no sabes de qué otra manera abordar el tema. Ya reconoces por tus experiencias pasadas que el coraje no es un "buen" sentimiento y drena toda tu energía positiva. Para colmo, tu esposa(o) te comenta que "no seas tan fuerte con el muchacho", irritándote más porque sientes que él/ella no te apoya en disciplinar al muchacho. Así que terminas

echándole la culpa de lo que está pasando. Al final del día te sientes culpable y drenada(o) y peor aún, sabes que esa persona que está expresando ese coraje en esencia no te representa. Te sientes impotente porque no sabes cómo resolver la situación.

> Hoy te levantaste de buen humor. No obstante, en algún momento ya no te sientes con el mismo ánimo. Inclusive descubres que ya no estás de buen humor. Te sientes molesto(a) o irritado(a) y no sabes qué fue lo que provocó ese cambio.

Dilemas y más dilemas

Si esos escenarios te parecen familiares (definitivamente sí lo son para mí) y más aún, alteran tus estados de ánimos y emociones, pues bienvenido(a) al mundo de las emociones y en específico a la inteligencia emocional. ¿Y qué tienen que ver tus experiencias diarias, las decisiones que tomas y la manera en que te relacionas con los demás con la inteligencia emocional?

La idea de que tus emociones influencian quién eres no es nueva. En años recientes los expertos han enfocado más el tema de inteligencia emocional a aspectos relacionados al trabajo. Sin embargo, si la inteligencia emocional tiene que ver con la capacidad de conocer cómo percibes, entiendes, razonas y expresas tus emociones: ¿No sería lógico, por tanto, pensar o asumir que los aspectos emocionales no son propiedad exclusiva de los ambientes de trabajo?

Sin duda, soy fiel creyente de las teorías de inteligencia emocional como destrezas importantes que resultan de gran beneficio dentro del trabajo. Sin embargo, no es menos cierto que esos mismos conceptos y destrezas tienen aún mayor valor e importancia en tu vida personal.

Estudios han señalado que demostrar altos niveles de inteligencia emocional incrementa o aumenta la productividad y el desempeño dentro de las organizaciones (Joe-Harris, 2011). Las emociones están presentes en todos los aspectos de tu vida: relaciones de pareja, familia, amigos, comunidad y sociedad en general. Mientras más destrezas adquieras para equipar tu cajita de herramientas humana, por deducción lógica, estarás mejor preparado(a) para conocer y conectar con las personas con quienes interaccionas diariamente.

Si pudieras conocer de manera más detallada cómo funcionan tus emociones, saber qué es lo que te activa o desactiva o hasta reconocer cómo te sientes ante ciertas situaciones o eventos, ¿valdría tu tiempo leer este libro? Yo también lo pienso.

¿Cuál es el valor de la inteligencia emocional?

1.

Arrojará luz sobre cosas de ti que tal vez no conoces. Será una excelente oportunidad para añadir conocimientos sobre ti mismo(a) y obtener más y mejores opciones para actuar y responder a las cosas que pasan a tu alrededor.

2.

Conocerás mejor tus patrones de conductas típicas. Tus patrones de conductas te definen y te caracterizan. Por ejemplo, ante ciertas situaciones, tiendes a pensar y responder de manera similar.

3.

Aprenderás estrategias efectivas para aplicarlas a múltiples y variados escenarios de tu diario vivir.

Sin duda, mejorar las relaciones con tu cónyuge, hijos, amigos, vecinos e inclusive compañeros de trabajo y supervisor serían algunos de los objetivos más importantes para ti. Cuando te sientes satisfecho(a) con quien eres, también aumenta tu pasión por las cosas que haces y sientes. Descubramos más sobre ello…

3
Mis Filosofías de Vida

A veces, mirar dentro del espíritu de otras personas, es como mirar al fondo de una charca. Aunque pretendemos ver qué hay en las profundidades, a menudo nos distrae nuestra propia reflexión.
-Katina Ferguson

Todos contamos o vivimos con alguna filosofía de vida. Algunas de las filosofías las pudieras tener más activamente presentes que otras. Las filosofías de vida son mayormente guías que te ayudan a moverte de dirección en dirección. Pienso que tal vez es relevante compartir algunas

Buenos Días, INTELIGENCIA EMOCIONAL...

de mis filosofías, tanto personales como profesionales. Estas filosofías las he aprendido y adoptado como producto de situaciones difíciles que he experimentado. Estas experiencias o situaciones difíciles me han provisto lecciones valiosas, algunas de ellas productos de experiencias difíciles y que pudieron haber consumido muchas lágrimas (recuerda que soy muy sentimental).

Aunque sea difícil creerlo, aprendo de la misma manera o forma que tú: no necesariamente como psicóloga o coach, sino como persona y como mujer, con las mismas emociones, retos, limitaciones que tú, y más aún, con una necesidad continua de entenderme mejor.

Creo oportuno compartirte mis filosofías antes de entrar en el tema de inteligencia emocional porque te proveerá un marco de referencia sobre cuándo y cómo las aplico en mi vida y con mis clientes. Asumiré que tal vez te ayuden también. Llamémosles a mis Postulados o Filosofías de Sensatez. Aclaro que no todas estas filosofías las inventé yo, aunque algunas sí son muy mías. Sin embargo, insertarlas en mi vida me ha facilitado evaluar la practicidad de mi vida.

1er Postulado o Filosofía:

Todas las respuestas (TODAS), ya existen en este mundo.

Esta filosofía sí es mía. Prácticamente no existe información nueva, por lo menos desde mi perspectiva. De alguna manera, las soluciones o respuestas a tus retos (y los míos) están ya en existencia o latentes.

¡Solo están esperando ser descubiertas por ti!

Por lo general, las personas poseen recursos internos para construir soluciones efectivas a los retos y situaciones que confrontan y experimentan. El instinto humano mayormente te dirige de manera casi natural hacia una búsqueda continua de mejoramiento. Eso ya está en tu ADN.

Marilee Adamas (2015) comenta en su libro que la calidad de tu vida dependerá en gran medida de la calidad de tus preguntas. En otras palabras, si quieres tener respuestas buenas o acertadas, necesitas hacer preguntas buenas. Tu mundo (ahh, y el mío también) fue construido en gran medida como resultado de preguntas que la humanidad previamente formuló. *¿Cuál es tu propósito en este mundo? ¿Por qué fulano o mengano hace tal o cual cosa? ¿Qué es lo que deseo para mí y mi familia? ¿Qué cosas son importantes para mí? ¿Cómo las lograré?* ¿Vas entendiendo?

El reto mayor no descansa necesariamente en obtener las respuestas, sino más bien en cómo formular preguntas mejores o más acertadas. Cuando formulas preguntas certeras, puedes obtener respuestas más adecuadas a tus necesidades. Por tanto... si haces una pregunta incorrecta, con toda probabilidad la respuesta también lo será. Si por el contrario identificas la pregunta correcta, entonces habrán mejores probabilidades de identificar la respuesta indicada, o por lo menos mejores opciones para resolver o responder a tu situación o reto.

La metodología del coaching, por ejemplo, guarda o sigue esta premisa. Los coaches nos apoyamos en nuestros clientes (les llamamos coachees) para aportar posibles soluciones a sus retos. Para lograrlo, dependemos en gran medida de los conocimientos que el cliente ya posee. Nuestro entrenamiento nos provee destrezas para construir una estructura de preguntas abiertas como método exploratorio para así identificar respuestas en el mundo de nuestros clientes. Basados en nuestro modelo de enseñanza, partimos de la premisa que el cliente es el experto de su mundo y que con toda probabilidad ya cuenta con la solución, aun cuando no esté consciente de ello.

Déjame proveerte un ejemplo. Si tienes algún desacuerdo con tu esposo(a)/compañero(a), tal vez te preguntes: *"¿Qué estoy haciendo mal?"* O peor aún, *"¿qué está haciendo él o ella mal?"* Si decides hacerte este tipo de preguntas, te darás cuenta que con toda probabilidad la respuesta no te ayudará en la solución, o solo te proveerá respuestas parcialmente válidas.

Algunas preguntas alternas más saludables pudieran ser: *"¿Qué cosas hago o digo (o hace o dice la otra persona) que promueven ese resultado?"* o *"¿Qué puedo hacer (o ¿Qué puede hacer él/ella) diferente para lograr un mejor resultado?"* Aprender a formular mejores preguntas sin duda te permitirá obtener respuestas (y por supuesto, soluciones) que te brinden mejores resultados u opciones que las que estás obteniendo hasta el momento. ¿Tiene sentido?

Observarás a través del libro que te haré muchas y variadas preguntas. ¡Créeme, no es para desesperarte! Son herramientas y destrezas que te permitirán aprender a evaluar vías más efectivas para identificar soluciones a tus situaciones. El objetivo es entender y resolver lo que te reta de ti o de los demás de una manera más acertada. Y esto lo podrías encontrar formulando mejores estructuras de preguntas que te ayuden a evaluar alternativas variadas (más de una).

2do Postulado o Filosofía:
No honres la definición del loco.

¿Sabes cuál es la definición del loco? El loco es aquel que hace las cosas de la misma manera, esperando un resultado diferente. ¡Uff, y con mucha razón está loco! Expresado de otra manera: Si continúas haciendo lo que estás haciendo hoy, obtendrás los mismos resultados que has obtenido hasta ahora. Si no estás satisfecho(a) con las cosas que estás haciendo hoy, y no estás dispuesto(a) a hacer cambios, con toda probabilidad seguirás experimentando insatisfacción ante los escenarios que enfrentas.

Por ejemplo: Los padres (y cónyuges) en ocasiones se quejan de sus parejas o de sus hijos porque son de tal o cual manera o porque hacen cosas que les irritan. Cuando les pregunto qué están haciendo para resolver o mejorar la situación, me explican algunas de sus "estrategias". Lo que frecuentemente observo a menudo es que continúan reciclando las mismas tácticas, aún cuando reconocen que con toda probabilidad no obtendrán mejores resultados.

Mi predicción, por tanto, por lógica, sin tener que ser genio, es que se volverán locos, o mejor explicado, se frustrarán al infinito. No puedes esperar resultados nuevos ni en ti ni de los demás si no estás dispuesto(a) hacer cambios.

Reconozco que tal vez utilizas las mismas técnicas o tácticas porque sinceramente no conoces qué podrías hacer diferente.

Buenos Días, INTELIGENCIA EMOCIONAL...

Consciente de ello, te proveeré algunas ideas, estrategias y herramientas como vías alternas. También incluiré muchas y variadas preguntas al final de cada capítulo para retar tus pensamientos y las conclusiones a las que actualmente llegas. Algunas alternativas se enfocan, por ejemplo, en mejorar técnicas de comunicación, manejo de emociones, etc. Lo que deseo es que puedas contar con mejores estrategias para entender la manera en que llegas a tus conclusiones, y por ende decisiones, etc.

Solo tú podrás decidir cuáles pueden ayudarte de acuerdo a la persona o situación.

3er Postulado o Filosofía:

Los cambios deben ser prácticos y NO teóricos. No deberían existir meramente en tu mente. Por tanto: ¡Requiere un plan de acción y cambios!

Si deseas que suceda algo diferente, basado en la idea del postulado número 2, entonces debes reconocer primero que debes generar algún tipo de cambio. Todo cambio, en teoría, debe moverse en dirección opuesta a la del loco. Una colega y muy amiga mía, Ideliz Santos, comentó que este ejercicio es una oportunidad para avanzar en tu vida a un mejor estado.

Para apoyarte en tu proceso de cambio, te incluyo a continuación el Cuadrante de Acción que aprendí hace algunos años. Este cuadrante lo utilizo continuamente con mis clientes y en mis talleres. A aquellos clientes que estén leyendo mi libro, ¡este cuadrante les será muy familiar!

Cuadrante de Cambio (o Acción)

¿QUÉ PUDIERAS *COMENZAR* A HACER?

En este cuadrante puedes anotar aquellas cosas que no estás haciendo actualmente. Si las añades como actividades probablemente esto te ayudará a identificar estrategias y actividades que pudieran producirte mejores resultados.

Ejemplo: Tal vez tu hijo se queja de que solo le dices algo cuando está haciendo algo mal. Por tanto alguna actividad que puedes añadir en este cuadrante es: Debo comenzar a alabar a mi hijo cuando hace alguna acción positiva.

¿QUÉ PUDIERAS *DEJAR* DE HACER?

En este cuadrante puedes anotar aquellas cosas que haces actualmente que son las que te ocasionan retos. Eliminarlas pudieran producirte mejores resultados.

Ejemplo: Tu esposa (o) te dice que cuando están en grupo tiendes a comentar sobre temas que son privados o personales. Por tanto, una actividad que puedes añadir en este cuadrante es: Debo dejar de compartir temas que son de pareja. Si estoy en duda, no debo comunicarlo.

¿QUÉ PUDIERAS HACER *MÁS*?

En este cuadrante puedes anotar aquellas cosas que tal vez haces y que no están del todo incorrectas, mas sin embargo, si aumentas su frecuencia, pudieran producirte mejores resultados.

Ejemplo: Tu amiga(o) indica que eres una persona negativa, y que cada vez que conversan solo le buscas el ángulo negativo a las cosas (¡Alguna similitud con el mundo real, es pura coincidencia!). Por tanto, una actividad que puedes añadir en este cuadrante es: Balancear más tus puntos de vista con otros de manera más objetiva y positiva. Así lograrás ver las situaciones de manera balanceada y optimista.

¿QUÉ PUDIERAS HACER *MENOS*?

En este cuadrante puedes anotar aquellas cosas que tal vez haces y que no están del todo incorrectas, mas sin embargo, si reduces su frecuencia, pudieran producirte mejores resultados.

Ejemplo: Tu compañero(a) comenta que cuando te da un consejo te vuelves defensivo(a) y por eso ha decidido no comentarte más lo que piensa. Por tanto una actividad que puedes añadir en este cuadrante es: No activar tus defensas. Cuando te provean una opinión sobre ti, haz más preguntas, pide ejemplos y solicita alternativas o sugerencias. Acepta las ideas de los demás, aun cuando no coincidas con ellas.

Buenos Días, INTELIGENCIA EMOCIONAL...

Si no estás dispuesto(a) a generar cambios y créeme, reconozco que a veces los cambios duelen y son difíciles, entonces encontrarás que tus retos probablemente no tendrán una oportunidad real o genuina de ser resueltos. Y cuando no realizas cambios, muchas veces terminas responsabilizando a otros por lo que te toca trabajar primero a ti.

Te sorprenderá saber que muchos de los cambios que son necesarios para solucionar los retos que enfrentas están más relacionados a los cambios que debes hacer tú, versus otras personas. No generar cambio (o no desearlo) es lo que llamo ciclos viciados o estériles. Te mueves, y te mueves, y no importa cuán rápido te muevas, hay muy poca probabilidad de que llegues a tu destino.

Compton (2005) decía que los psicólogos que practicamos la psicología positiva pensamos que las personas que tienen comportamientos adaptativos se mueven de manera más natural hacia procesos continuos de mejoramiento (a través de toda su vida). Esta actitud de apertura a adaptarse les provee variadas herramientas para vivir una vida productiva con altos niveles de satisfacción, porque reconocen que ser flexibles es la única manera para resolver problemas y retos.

Las personas exitosas que tienden a experimentar más altos niveles de satisfacción son aquellas personas que han incorporado maneras continuas de auto-mejoramiento. Esto es así, porque ven el cambio como un elemento necesario y hasta natural para mejorar y reconocen que solo en continuo movimiento y cambio lograrán identificar los ajustes que deben hacer para mejorar las relaciones con las personas que les rodean.

> *Eres genuinamente feliz cuando tu razonamiento*
> *y emociones están sincronizados.*
> The Coach- RaiseYour Mind.com

Estrategias que pudieras utilizar para generar cambios es:

1

Evalúa
Lo que actualmente
te reta o inquieta

Acciona
No lo dejes en
la teoría

2

Piensa
Qué debes o
deseas cambiar
o mejorar.

3

4

Adapta
Sé flexible contigo
y con otros

Reevalúa
Continuamente
evalúa y cambia
cuantas veces
sea necesario.

5

Decide
Cuál es la mejor
ruta para
resolverla

6

Esta es mi clave y filosofía de cambio.

4to Postulado o Filosofía

TODAS (¡Sí, todas!) las palabras emiten algún tipo de emoción.

¡Así es! El reto es que muchas veces, sin desearlo por supuesto, tus palabras pudieran ofender o hacer que los demás se sientan ofendidos y heridos consciente o inconscientemente.

Si dices: "Es que eres un problemático", probablemente la persona no sentirá lo mismo que si le dices, por ejemplo, "A veces haces o dices cosas que me incomodan o se me hacen difíciles de aceptar". La palabra "problemático" implica o sugiere un problema, y tendemos a pensar que los problemas son negativos.

La persona con toda probabilidad pudiera sentir que le estás diciendo que es un problema de manera implícita. Y esto podría provocar que sienta que la estás juzgando. La persona automáticamente deduce (correcta o incorrectamente) que él/ella es malo(a). ¡Imagínate si esto se lo dices a un niño!

Debido a esto, al utilizar ciertas palabras pudieras emitir o activar en otras personas emociones negativas. Como resultado, las personas crean mecanismos de defensa de manera casi automática, que con toda probabilidad levantan muros que impiden generar procesos saludables de comunicación.

Compartiré más sobre la relación entre las emociones y la comunicación en el Capítulo 9. En adición, proveeré un listado de palabras que utilizamos comúnmente, y sugeriré palabras alternas o sustitutas para mejorar, expandir y enriquecer tu vocabulario. El objetivo es crear o promover emociones positivas, mantener la comunicación fluyendo en dos vías o direcciones y lograr mejores resultados para todas las partes envueltas (para la persona que habla y para la que escucha).

EN SÍNTESIS

Mis Postulados o Filosofías de Vida o Sensatez

1. **¡Todas las respuestas (TODAS) ya existen en este mundo!**- Formulando mejores preguntas obtendrás mejores soluciones.

2. **No honres la definición del loco.**- Es hacer las mismas cosas una y otra vez esperando un resultado diferente. Evalúa los cambios que debes hacer para producir mejores resultados.

3. **El cambio es uno de índole práctico, no teórico:** ¡Definitivamente requiere algún plan!

4. **TODAS las palabras (¡pero todas!) emiten alguna emoción**- Mejorando el uso y selección de palabras, mejorarás el efecto emocional que tienen en ti y en los demás.

Reflexión (Introspección) ∎

- Si pudieras tomar un momento para evaluarte, ¿cómo te definirías desde un punto de vista emocional?

- ¿Cuán efectivo eres manejando tus emociones?

- ¿Cómo puedes aprender a formular mejores preguntas para mantener el proceso de comunicación abierta?

- ¿Cuán abierto eres a crear un proceso real de cambio?

Ya que conoces mis filosofías de vida, ahora sí estamos listos para comenzar...

Buenos Días, INTELIGENCIA EMOCIONAL...

4

Y todo lo que ocurre, ¿es emocional...?

> *Cualquiera puede tener coraje, eso es fácil. Pero tener coraje con la persona indicada, al grado y momento correcto, por la razón correcta y de la manera correcta, eso no es fácil.*
> Aristóteles

Las emociones al derecho y al revés

Tal vez por instinto ya entiendes lo que es una emoción o un sentimiento porque constantemente lo estás experimentado. Sin embargo, lograr una definición universal no es tan sencillo. Es difícil, porque no existe esa definición universal sobre lo que son (o no son) emociones, quizás porque cada persona las experimenta de manera diferente.

Desde el punto de vista científico y a través del tiempo, se han desarrollado muchísimas teorías e ideas sobre lo que son las emociones y cómo se activan los procesos emocionales.

Lo que sí ya has descubierto por experiencia propia es que las emociones aparentan tener muchas tonalidades y matices de gris. Son factores tan complejos como el comportamiento mismo. Esto, sin olvidarnos de que una misma emoción pudiera variar de una a otra persona. Sin desear confundirte, veamos si puedo presentarte varias definiciones para evaluar si en algunas de ellas pudieras estar de acuerdo conmigo. Posteriormente conectaré la definición con la esencia de este libro: la inteligencia emocional.

Veamos primero una definición del diccionario. Debo reconocer que tengo una alta dependencia sobre el uso de los diccionarios. Aprendí a usarlos en etapas tempranas de mi vida, específicamente en escuela elemental. En aquel tiempo, el español no era mi primer idioma ya que nací en Estados Unidos (conste, deseo aclarar para que no te confundas con mi origen: ¡soy puertorriqueña como el coquí y con mucho orgullo!). A los 8 años mis padres y hermanas nos mudamos para Puerto Rico. Demás está decirte que mi español no era nada bueno.

Debido a mi pobre dominio del español, mis compañeros me torturaban, se burlaban y hasta me pegaban. Me imagino que hoy día le llaman "bullying". ¡Definitivamente fueron tiempos muy difíciles! Para compensar mi deficiencia por el desconocimiento del idioma, y evitando sentirme víctima de las circunstancias, eventualmente decidí que el diccionario se convertiría en mi mejor amigo (y sigue siéndolo, en un sentido figurado por supuesto). Aún cuando aprendí a querer y apreciar los diccionarios, algunos de los diccionarios escolares me retaban mucho. Llegué a la conclusión que el objetivo principal de los editores de los diccionarios escolares era frustrar al estudiante (¡y por supuesto que conmigo lo lograron!).

Por ejemplo, si buscaba el significado de la palabra "emoción", encontraría la siguiente definición:

"Emoción= dícese de aquel que es emocional".

Bueno, pues déjame cotejar qué significa la palabra "emocional". El diccionario entonces indicaba que emocional es:

"Emocional= Dícese aquel que expresa emociones"

¡Grrrrr! No me tomó mucho tiempo alejarme de los diccionarios escolares y comenzar a usar un diccionario para "adultos".

Posteriormente una definición que sí encontré muy útil y más sencilla fue la siguiente:

Emoción

Un estado mental, muchas veces subjetivo y que varía de manera diferente entre cada individuo, que surge espontáneamente (tiende a ser automático) versus un esfuerzo consciente.

Para comenzar, la mayoría de las veces las emociones son procesos que surgen de manera inconsciente. Normalmente no lo piensas mucho antes de expresarlas y ¡puff!... salen por arte de magia. Esto no significa por supuesto que después de expresar lo que sientes no estés mordiéndote la lengua por lo que hiciste o dijiste.

Bueno, quiero añadir algunos elementos importantes a esta definición. Según Genos, la organización responsable de educarme y certificarme como practicante de inteligencia emocional, se añade:

> *Estas emociones muchas veces están acompañadas por cambios fisiológicos (del cuerpo) que generan a su vez sentimientos, por ejemplo: alegría (risa), tristeza (llorar), reverencia (vergüenza), odio (palabras soeces) y hasta amor (un abrazo o beso).*

Carl Jung, un psiquiatra y psicoterapista suizo y uno de mis psicólogos favoritos, definía emoción como:

Reacciones fisiológicas (del cuerpo) basadas en una percepción interna (de lo que pienso o siento en un momento dado) ante un estímulo externo.

¡Emilia, en arroz y habichuelas, por favor!
Bien, aquí les proveo mi definición criolla:

Las emociones son respuestas a situaciones o pensamientos, que en muchas ocasiones están acompañados de cambios en o desde tu mente y cuerpo.

¡Dicho y hecho! ¿verdad? ¿Sí? Bueno, de ser así de sencillo los psicólogos y coaches nos moriríamos de hambre. Es fácil proveerte una definición y hasta interpretarla, aunque es más complejo aplicarla adecuadamente.

Las emociones son el fundamento mismo de cómo piensas y por ende de los sentimientos que experimentas. Tu mecanismo de cómo piensas juega un papel importantísimo en tu proceso de sentir y actuar. Es precisamente desde tu mente que interpretas y filtras las cosas que te ocurren. Basado(a) en tus pensamientos (y emociones) es que decides qué hacer o cómo responder.

Tu mente o cerebro procesa datos a través de lo que se conoce como análisis cognoscitivo. Cognoscitivo se refiere a la manera en que ves, analizas, evalúas y decides sobre las cosas que ocurren a tu alrededor - tus percepciones, modelos mentales, actitudes y creencias. En otras palabras, el primer principio de la teoría cognoscitiva es:

Tu humor o estados anímicos están estrechamente relacionados con tu cognición o pensamientos.

Así es que cognición es lo mismo que pensamiento. Por esto, los pensamientos están relacionados con la manera en que ves e interpretas las cosas, porque están determinados por tus percepciones, actitudes y creencias. Te sientes de la manera en que te sientes ahora por los pensamientos que estás teniendo en ese momento dado. Si cambias tus pensamientos, entonces cambiará la emoción que sientes, provocando que tu comportamiento también cambie.

Pensamientos

Los Pensamientos
te llevan a concluir algo
que a su vez activan
tus

Emociones

Tus Emociones
determinan tu actuar.
Si cambias tu pensamiento
cambia tu emoción, y por
ende cambia tu manera de
actuar o

Tu Comportamiento

Sin percatarte, tus respuestas y hasta la manera en que reaccionas se convierten muchas veces en comportamientos automatizados, ya que son productos de conductas aprendidas.

Las emociones por lo regular son respuestas a eventos que son importantes en tu vida y por tal razón tú decides dar o determinar el nivel de importancia (Fridja, 1988). Según Fridja, aquellos eventos que sientes que te mueven a obtener tus objetivos o metas, activarán emociones más positivas, y aquellas que por el contrario retan o dañan lo que te preocupa, producen emociones negativas.

¿Cuántas veces te ha sucedido, por ejemplo, que quieres pedirle un favor a tu cónyuge (compañero o compañera), o hasta a tu jefe, y no sabes cómo pedirlo porque ya estás pre-dispuesto a la idea que él o ella con toda probabilidad te responderá con un "no"?

Quiero compartirles una anécdota personal. En una ocasión, quería pedirle permiso a mi esposo sobre una salida para compartir con mis amigas ("girls night out"). Ya saben, por supuesto, que era una sugerencia totalmente inocente. Se preguntarán, ¿Y por qué pedir permiso a mi esposo? Reconozco que en nuestra sociedad tan moderna los roles de la mujer han ido evolucionando y balanceando con los del hombre. Sin embargo, también estoy convencida que un matrimonio efectivo y exitoso es aquel donde se negocian acuerdos, y si ambos estamos en común acuerdo, entonces los acuerdos son los correctos. En nuestra relación, hemos acordado no tomarnos por sentado, y definimos que no asumiríamos las cosas que ambos pudiéramos o no hacer hasta que tocáramos base con el otro. Y de no estar de acuerdo, entonces negociábamos. Los temas de salida con otras personas no los asumimos; por tanto, pedimos permiso.

Continuando con mi anécdota, mientras voy mentalmente evaluando cuál sería la mejor estrategia para decírselo para asegurar que no hubiera problemas, mis ideas y pensamientos ya estaban anticipando una batalla mental con él (en sentido figurado; debo reconocer que mi esposo es una persona razonable y flexible).

Mentalmente recreaba la manera en que se lo diría. Inclusive hasta anticipaba lo que con toda probabilidad él me respondería (después de todo llevo más de 38 años de casada con él y lo conozco). ¡Demás está decirles que lo que yo había recreado en mi mente se convirtió en una verdadera guerra! Llevaba ya un día completo con mi proceso mental. Sin darme cuenta, aquellas ideas y pensamientos iban cambiando también mi humor. Me moví de un humor neutral a uno de molestia y hasta enojo porque estaba convencida que se negaría a aceptar que yo saliera con mis amigas.

Entonces mi esposo Javier, ajeno por supuesto de mi lucha y pelea mental, se me acerca y me dice, "Oye, ne" (como cariño de "negra"), y yo le respondí con coraje "¡Qué quieres!". Él, sorprendido, me responde: "¡Soy inocente de lo que se me acusa!" Nos reímos. Luego le conté "mi dilema", a lo cual me dijo que no era para tanto. Por el contrario, él no tenía inconveniente alguno. Me dijo que entendía que yo también tenía derecho a divertirme con mis amigas. Colorín colorado... ¡Ya saben por qué lo amo tanto!

Lo que aprendí es que con frecuencia los pensamientos activan y definen en gran medida emociones que cambiarán tus estados anímicos y humores, y por ende la manera de responder a ellos está condicionada a estos factores.

Es importante examinar continuamente las conversaciones que sostienes contigo mismo(a), porque en muchas ocasiones están basadas en interpretaciones e ideas muy personales y subjetivas. Son conclusiones a las que llegas sin tener evidencia concreta o tal vez basada en experiencias anteriores. Yo les llamo conversaciones imaginarias, porque tienden a existir desde y en tu mente.

Cuando llegas a conclusiones sin fundamento pudieras no ver a las demás personas tal cuales son porque de antemano ya les adjudicaste culpa. Lección personal aprendida: ¡No creas todo lo que piensas!

Cómo Influye la Crianza en las Emociones

Tu crianza sin duda es un elemento importante que influye en las emociones. La crianza está basada en factores culturales que mayormente aprendiste de tus padres (tíos, abuelos y demás familia) y que además provienen del medio ambiente que conociste, tales como tu escuela, tus compañeros de clase, vecinos, dónde y cómo te criaron.

La cultura y hasta los valores que aprendiste te sirven como filtros y se convierten en gran medida en tu barómetro para pensar y hasta actuar. Pudieras suprimir (no mostrar) o expresar tus sentimientos y emociones basado(a) en la manera en la cual fuiste criado(a). Por ejemplo: "Oye, los hombres no lloran" o "las mujeres son de la casa", enseñanza a la que yo obviamente no hice mucho caso, mayormente porque mis padres no nos criaron con esa filosofía. ¡Gracias mamá y papá!

Por otro lado, la sociedad misma se define a través de una variedad de reglas sociales que a veces son implícitas o indirectas o no están abiertamente definidas: cómo, dónde, cuándo y cómo deberías expresar tus emociones. Por ejemplo, podrían estar definidas por el género de la persona.

- Niñas versus niños - aquello que pudiera ser aceptado por una persona por su sexo
- Si lloras, no debes hacerlo frente a los demás
- Si tienes coraje, mejor no digas nada
- Si te quejas, van a pensar que eres difícil
- Los hombres no lloran

Y así por el estilo.

A mí no me corresponde evaluar qué reglas son o no son adecuadas. Lo que sí reconozco es que muchas de ellas provienen de aspectos culturales que varían de país en país y de época en época. Inclusive he observado que pueden variar hasta en lugares tan cercanos como de un pueblo de nuestra isla a otro, como por ejemplo, área metropolitana versus "la isla".

Las reglas sociales también pueden cambiar a través de los años a través de unos cuantos individuos o hasta de las masas mismas. Los cambios a nivel de sociedad por lo regular se llaman cambios en los paradigmas. Un **paradigma** es el conjunto de ideas o perspectivas estándares sobre algo (perdón, no pude resistir usar el diccionario otra vez para definirlo). Eso es otro tema totalmente diferente. ¿Para otro libro tal vez? Jum.

Siguiendo con mi idea: a veces tiendes a o prefieres suprimir (no mostrar) tus emociones, porque no sabes cómo expresarlas correctamente o porque temes la reacción de los demás si expresas lo que sientes. No olvides que al suprimir las emociones, de todos modos vas a experimentar las mismas consecuencias negativas que si las expresaras.

Detener o no expresar tus emociones pudiera tener otros efectos nocivos porque se van acumulando, y hasta podría eventualmente provocar que estalles (¡la voz de la experiencia!). Inclusive, pudieras estallar en descontrol y de la peor manera. La experiencia ya te ha demostrado que bajo emociones de intenso coraje tal vez empeoras la situación porque dices cosas que quizás no dirías si estuvieses calmado(a). Y lo irónico es que probablemente la otra persona o personas ni estaban al tanto de cómo te sentías en primer lugar.

A través de tu crianza y las enseñanzas de tus padres, la sociedad, tu medio ambiente, ¡y ahora tenemos que añadir el internet y las redes sociales!, van incorporándose ideas y pensamientos que influyen en tu manera de ser, pensar y sentir, y van formándote como individuo. Llamémosle, sin entrar en mucho debate: tu personalidad. Tu intelecto es tu primer filtro. Combinado con tus emociones y personalidad, o "manera de ser", el intelecto determina muchas de las conclusiones o ideas a las cuales llegas.

El Intelecto vs.
La Inteligencia Emocional

Sabes ya que algunas personas usan más el intelecto y otros utilizan un poco más sus emociones. Lo cierto es que normalmente no tiendes a cuestionarlos. Sin embargo, cuando estos elementos no están en balance, es como querer usar un cuchillo para cortar papel. Sin duda, podrás cortar el papel. No obstante, una tijera con toda probabilidad sería un mejor instrumento. Más adelante hablaré sobre tus filtros emocionales.

No me malinterpretes, la inteligencia intelectual es de suma importancia. Sirve para lograr, en gran medida, lo que la sociedad define como éxito. Sin embargo, en ausencia de una inteligencia emocional que la complemente, podrías confrontar retos en tu capacidad de experimentar relaciones efectivas y satisfactorias y hasta manejar o resolver los retos más comunes de tu vida. Una combinación balanceada entre ambas te ayudará sin duda a entender mejor lo que piensas, porqué lo piensas, lo que sientes y a evaluar las cosas que te hacen verdaderamente feliz.

Por ejemplo, todos hemos pasado por las manos de muchos maestros y profesores a través de nuestra formación académica, ¿verdad? Dime, ¿cuáles han sido tus experiencias con algunos de ellos? ¿Quiénes lograron dejar una huella (positiva o negativa) en quién eres hoy? Cuando asistes a una conferencia o charla, ¿cómo determinas que esa persona fue efectiva en llevarte un mensaje? ¿Cómo logró ese presentador mantenerte interesado en los mensajes que te proveía? Usas palabras como por ejemplo "carisma" para definir cómo conectaron (o no) contigo. Y algunos te dejan impresiones negativas o neutrales. Después de todo, no todos pueden "caerte bien".

Esto no necesariamente significa que estos profesionales no son "expertos" en la materia que estaban presentando. Lo que más te reta de estos "expertos" es el desconocimiento que tienen de que ser experto en una materia dada (le llamamos expertos de contenido) no es suficiente. En adición hay que entender que lograr promover una atracción o conexión emocional y mantener a las demás personas conectadas son elementos que están más relacionados al aspecto emocional que al aspecto intelectual.

Conste, que no estoy dudando ni por un instante de que no poseen la inteligencia, el conocimiento o intelecto. Lo que cuestiono a veces es cuánta conciencia emocional tiene el/la profesor(a), conferenciante, o presentador(a) sobre las demás personas, sus necesidades o deseos para despertar el interés por aprender o desear escuchar sus mensajes o ideas.

La clave no está estrictamente relacionada con el aspecto intelectual. El intelecto es importante. Es más bien proveer ciertos factores combinados de conocimiento y emoción de manera balanceada para conectar e influenciar. Es lograr apelar a las emociones de la misma manera que apelamos al intelecto. *¡Nada personal, profesores y conferenciantes, es solo comida para su alma e introspección!*

EN SÍNTESIS

- Las emociones juegan un papel sumamente importante y útil en tu vida. Sirven para regular la manera en la que te sientes y hasta te protegen del peligro ante ciertas situaciones.

- Son respuestas a situaciones internas y externas que crean cambios fisiológicos (en tu cuerpo) tales como en la respiración, latidos del corazón, rubor en la cara, pulso, y hasta secreciones glandulares (sudor).

- Las respuestas emocionales por lo general son producto de tu personalidad, la manera en la cual fuiste criado y de condiciones sociales y culturales.

- Mentalmente, es un estado de excitación (positiva o negativa) marcado por sentimientos o emociones fuertes. Tus pensamientos juegan un rol activo en tu humor y por tanto en tus "estados emocionales".

- Los sentimientos son productos de la experiencia que resulta de esa emoción. La variabilidad de las respuestas o pensamientos emocionales provienen de tu crianza.

- Uno de los retos de las emociones es que por lo general no te das cuenta de ellas, convirtiéndolas en muchas ocasiones en reacciones automatizadas.

- Estas reacciones automatizadas a veces te sirven para bien y a veces no.

Por tanto, █

1. ¿Cuán consciente estás de cómo respondes a las cosas que típicamente experimentas a diario?

2. ¿Cómo identificas tus patrones de conducta?

3. Si no conoces tus patrones de conducta, ¿podrán otros ya identificarlos y conocerlos?

4. ¿Cuán satisfecho(a) estás con la manera en que manejas y expresas tus emociones?

5. ¿Qué aspectos de tus emociones quisieras aprender a manejar mejor?

5
Inteligencia Emocional es...

> *Nuestras emociones necesitan ser tan educadas como nuestro intelecto. Es importante saber cómo sentir, cómo responder, y cómo dejar entrar la vida de tal manera que puedas tocarla y experimentarla.*
>
> Anónimo

E xisten, a mi parecer, demasiadas definiciones, teorías y estudios sobre lo que es la inteligencia emocional. Sin embargo, no tengo la menor duda de que con toda probabilidad todas las definiciones pretenden llegar al mismo punto. Si leíste mi introducción, te comenté que muchos de los conceptos presentados sobre el tema: sus ideas, conceptos y ejemplos, están más relacionados a los ambientes de trabajo. Solo tienes que buscar en el internet sobre el tema para darte cuenta que es sin duda muy popular. Aunque también debo comentar que esto ha ido cambiando en años recientes y afortunadamente he observado una expansión del tema aplicado a aspectos como familia, escuela y aspectos personales.

Durante la mayor parte de tu día tal vez estés interactuando con compañeros, supervisores y gerentes (para aquellos que trabajan en empresas con empleados, por supuesto). No obstante, la inteligencia emocional no debe limitarse a destrezas o herramientas aplicables al trabajo porque primordialmente eres un individuo (o persona) primero, luego empleado(a) y profesional.

Lo que experimentas en un momento dado con toda probabilidad lo filtrarás primero a través de los aspectos personales que te definen y de acuerdo al escenario específico; luego lo aplicarás a la situación en cuestión, sea en el trabajo, hogar o familia.

Y entonces, ¿qué es la Inteligencia Emocional? *(¡Por fin, ya era tiempo!)*

Genos (2007) nos provee una definición clara sobre lo que es inteligencia emocional. Utilizo sus postulados como modelo en mi práctica profesional e inclusive para el enriquecimiento continuo en mi vida personal.

Genos define inteligencia emocional como:

> *"Un conjunto de destrezas que definen cuán eficazmente logras percibir (reconocer), expresar, entender, razonar y manejar tus sentimientos (o emociones) y las de los demás."*

Quiero mencionar brevemente como referencia (no con la intención de cubrirlo en detalle en el libro) el modelo de Genos y cómo segrega los conceptos de inteligencia emocional en siete (7) destrezas distintivas. Fíjate que utilizo la palabra destreza y no habilidad.

Una destreza puede ser aprendida, mientras que una habilidad presupone que la persona deberá contar con ciertas predisposiciones dentro de su personalidad para tener esa habilidad (algunos le llaman rasgos). Si la inteligencia emocional fuera solamente rasgos dentro de tu personalidad, implicaría que solo algunas personas tienen la habilidad natural de expresar mejor inteligencia emocional que aquellos que no tienen la predisposición.

Esta última teoría o idea no es mi creencia personal o profesional. Luego de 10 años de práctica, estoy convencida que las destrezas o competencias de inteligencia emocional pueden ser aprendidas. Ahora, aclaro que ciertos aspectos de tu personalidad sí pueden beneficiarte o hacer más difícil aprender una que otra destreza. Aunque pienso que si verdaderamente deseas aprender algo nuevo, con toda probabilidad lo harás.

Destrezas de Inteligencia Emocional según el Modelo de Genos

Primera:
Conciencia emocional de las emociones propias.
Esta destreza está relacionada a cuán consciente estás durante el día sobre tus emociones y estados anímicos (darte cuenta de cómo estás emocionalmente).

Segunda:

Expresión emocional – Es la manera como expresas eficazmente tus emociones. Si no estás consciente de tus emociones, entonces, ¿con cuánta probabilidad estarás consciente de cómo las expresas, y si estás alerta al efecto que tienen en los demás?

Tercera:

Conciencia emocional de los demás- Esta destreza evalúa cuánta conciencia emocional tienes de los demás. Está relacionada a cómo evalúas tu mundo exterior, para identificar de manera certera a las demás personas y los estados emocionales de los demás.

Cuarta:

Manejo emocional de sí mismo- Cómo manejar o administrar tus emociones. Es cómo reflejas y respondes a las cosas que te suceden en tu día y vida en general.

Quinta:

Manejo emocional de los demás- Esta destreza está relacionada a cómo manejas efectivamente las emociones de los demás. Tiene que ver con tu capacidad de conectar con los demás e influenciarlos de manera positiva.

Sexta:

Emoción racional- La manera en como utilizas información emocional (tanto tuya como de los demás) para tomar mejores decisiones.

Séptima:

Manejo de emociones intensas o fuertes- Cómo controlar tus emociones intensas o extremas. Las emociones intensas son aquellas que te llevan a los extremos. En muchas ocasiones no tienes control sobre ellas. Son por ejemplo: ira, coraje extremo, tristeza persistente y constante y otros.

Daniel Goleman (1998), uno de los psicólogos y autores modernos más conocido y al que se le atribuye darle vida al concepto de inteligencia emocional, definió inteligencia emocional como *la manera en la cual manejamos emociones para poder expresarlas adecuadamente y permitirnos trabajar juntos hacia metas comunes.*

Como te comenté, no es mi objetivo cubrir todas y cada uno de las destrezas del modelo de Genos (después de todo, debo dejar material para un segundo o tercer libro, ¿no crees?). Mi objetivo más bien es dejar una base para que puedas crear mejores procesos de alerta, detección y por ende aprendizaje. Las emociones son como los músculos: puedes ejercitarlas, fortalecerlas y ponerlas en óptimas condiciones. La clave está en detectar primero, manejar después. Así es que paciencia... que aún tenemos un caminito que recorrer.

Inteligencia Emocional es un proceso. Son destrezas o métodos que puedes utilizar para administrar o manejar de manera efectiva las emociones diarias, de situación en situación. Por ejemplo, en un día típico, ¿cuántas veces te has encontrado funcionando en "automático", sin hacer un análisis de por dónde andan tus emociones (asumiendo que reconoces que andan contigo)? Créeme, aún me sucede con alguna frecuencia.

Buenos Días, INTELIGENCIA EMOCIONAL...

Estudios señalan que las emociones determinan de alguna manera las decisiones que tomas en un determinado momento (Ramos, 2014). Esto resulta en un gran reto, porque si no estás consciente de tu humor, con muy poca probabilidad te darás cuenta de cómo estás tomando algunas de tus decisiones. Si no me crees, entonces, ¿por qué esperas que tu cónyuge o jefe esté de buen humor para preguntarle algo a lo que normalmente piensas te diría que "no" si estuviera de mal humor? Desarrollar las destrezas de inteligencia emocional eleva tu potencial porque te ayuda a "pensar, sentir y actuar" de manera intencional, produciendo mejores resultados porque se alinean con quién eres. Otras personas también tendrán una mejor oportunidad de conocerte mejor y definirte como una persona genuina y transparente.

Todo está conectado

Si pasas, por ejemplo, un buen o mal día en tu trabajo, esto indudablemente influirá en tu hogar y podría definir cómo tratas a las personas que te rodean. Inclusive, si tu día no ha sido de lo mejor, no podrás negar que en algún momento dado has descargado tu coraje con tu cónyuge, hijos o vecinos. Recuerda que el coraje no solo se refleja gritando. Existen muchas maneras de expresar coraje: silencio, ignorar a la otra persona o hasta utilizar el sarcasmo.

Tal vez piensas que si no puedes decirle a tu jefe o supervisor lo que piensas de él/ella, entonces esto justificaría hacerlo a través de los demás. (Perdón, reconozco que quizás esto no te ha pasado y es solo un ejemplo). Sin duda, los eventos de tu vida privada también tienen un efecto en tu trabajo. Entonces, ¿cómo puede la inteligencia emocional ayudarte a manejar mejor tus experiencias para producir otros y mejores resultados? Excelente pregunta. Primero quiero darte alguna información adicional antes de responderte, y no, no estoy demorando la respuesta.

Como ya conversamos, las personas tendemos a expresar los sentimientos a través de las emociones. Las emociones pueden ser expresadas con palabras, gestos, llanto, euforia, risas y hasta con silencio.

¿Te sorprendería saber que aproximadamente el 60% de tus emociones las expresas de manera no verbal o a través de tu cuerpo?

Como parte de mi experiencia profesional, continuamente observo a las personas. Reconozco que es una bendición, aunque en ocasiones créeme que quisiera apagarlo. Sin embargo, es interesantísimo, porque encuentro que muchas veces me ayuda ya que he aprendido a no limitarme a entenderlos a través de sus palabras, sino que observo además lo que no me dicen. A través de la comunicación no verbal logro entender y completar lo que están comunicando, o mejor dicho, lo que no dicen y de esa manera interpretar mejor sus mensajes. ¿Qué mensajes puedes estar enviando cuando conversas? Cuando tienes coraje, ¿estás consciente de cómo lo expresas con tu cuerpo? ¿Cómo te expresas cuando estás feliz? ¿Cuán armonizada está tu comunicación verbal con tu cuerpo? ¿Cuán claros están tus mensajes?

A través de la observación, puedes evaluar el tono de voz, los

Buenos Días, INTELIGENCIA EMOCIONAL...

gestos de las manos, el cuerpo, ¡y hasta las muecas dicen algo! Los mensajes que envías con el resto de tu cuerpo hablan más que mil palabras. Esto te expone a un reto porque si no estás consciente de cómo estás expresándote con tu cuerpo, los mensajes muchas veces pueden ser confundidos por otros. Y es que a veces no se logran armonizar por factores mayormente emocionales. Con muy poca probabilidad podrás decirle a otras personas que eres feliz mostrando por ejemplo una cara de enojo (a menos que sea sarcasmo, y aún así el sarcasmo, ¡es una emoción!). Claro está, la comunicación no verbal está sujeta a la interpretación individual. Cubriremos este tema un poco más en detalle en nuestro siguiente capítulo. **Prometido.**

¿Y por qué es tan difícil entender tus emociones, o las de otras personas? ¿Por qué a veces te arropan y toman control de ti? Y más aún, ¿qué puedes hacer para tener mejor control sobre ellas? Hago muchas preguntas, ¿verdad? Recuerda que preguntas correctas te proveen mejores respuestas. Y para todas estas preguntas tengo buenas y malas noticias. Vamos por pasos.

Primeramente, tus emociones surgen o tienden a moverse en paquetes cerrados o en grupos (yo les llamo ristras). Cuando sientes coraje, además pudieras sentir tristeza, desilusión, resentimiento y hasta descontrol. Así, las emociones sí vienen en ristras. ¡Y para completar, a veces se activan sin tu permiso! ¿Me sigues?

Mantener un buen entendimiento o manejo sobre todas las cosas que sientes en un momento dado no es fácil. Y si a esto le añades el factor de que usualmente no estás ni consciente de toda esta marejada de emociones, imagínate el efecto que tienen en ti y en los demás.

Sin embargo, las emociones son parte esencial de quién eres. Hasta para mí, que algunos piensan soy una experta en el tema, ya que existen ciertos días que mis humores van fluctuando como un yoyo, ¡ufff! ¡Tengo que reconocer cuánto complican mi día si no tengo cuidado! Eso es bueno, porque me mantengo alerta y consciente de cómo mis emociones fluctúan a través del día. Aunque tú no estés consciente de tus emociones ni de tus estados anímicos, las demás personas que te rodean sí pueden darse cuenta cómo estás en un momento dado. ¡Te lo aseguro! Pero tranquilo(a), eso significa que eres humano(a).

La comunicación no verbal es como un grupo de pequeñas señales de tránsito que te sirven para recibir los mensajes tan alto como un altoparlante. La meta, por tanto, es aprender a identificar y descifrar estos mensajes con el objetivo de modularlos a medida que entran a tu conciencia como un mecanismo de alerta. Si logras estar más consciente de tus emociones, podrás también estar más consciente de los mensajes que le envías a los demás y cómo responder más a tono con la situación y balancearlo con la emoción que decides expresar.

Las emociones se activan como alarmas para permitirte reconocer qué es lo que está pasando a tu alrededor. En su mayoría, te sirven como señales de tránsito que vale la pena escuchar y entender. Por ejemplo, cuando estás enojado(a), tu corazón palpita más rápido y hasta sientes ese calentón en la cara. O cuando sientes alegría o una euforia y te hace sonreír.

Buenos Días, INTELIGENCIA EMOCIONAL...

El sarcasmo, los comentarios a destiempo, la risa incontrolable cuando estás nervioso(a) te sirven como mensajeros para entenderte mejor. Entonces, ¿qué es lo que te están diciendo tus emociones? ¿Cómo estás atendiendo y respondiendo a estas señales?

¿Es posible controlar las emociones?

Recuerda, buenas y malas noticias...

Muchos clientes desean contratarme porque desean que les apoye para **controlar** sus emociones. Lamentablemente te comento que ni mis sesiones de coaching o este libro te ayudarán en ese aspecto. *(Ay doctora, ¿para qué compré este libro entonces?).* Bueno, las emociones no pueden ser controladas (**malas noticias**). Sin embargo, lo que sí puedes aspirar es a aprender a administrarlas mejor (**buenas noticias**).

Déjame darte un ejemplo: ¿Cuál es la función principal de un administrador? ¡Pues por supuesto, administrar! El administrador, por ejemplo un contador o asesor financiero, es aquel que hace el mejor uso posible de algún bien que se le encomienda (en mucha o poca abundancia). Es aquel profesional que tiene en su posesión algo de valor y se convierte en su custodio con el fin de obtener un mejor resultado o rendimiento posible, ya sea aumentando o añadiendo valor al bien que está administrando.

---

*Según la Real Academia Española, **administrar** o **administrador** significa: Graduar o dosificar el uso de algo, para obtener mayor rendimiento de ello o para que produzca mejor efecto.*

Tu mayor aspiración:

Lograr administrar tus emociones de la mejor manera posible para que puedas responder a través de destrezas efectivas, para entender mejor y hacerte entender.

Cuando logres este efecto: ¡Celebraremos juntos!

Tu meta ulterior:

Entender cómo puedes incrementar tu valor como individuo, conociéndote a ti mismo como persona conjuntamente con tus emociones. No intentar controlarlas, sino hacer un mejor uso de ellas.

Cuando logres esto, podrás entonces conectarte mejor con los demás y obtendrás más beneficios de las cosas buenas de tu vida emocional que ya tienes o posees en tu interior.

¿Te ha sucedido en algún momento que alguien te ofrece alguna sugerencia o comentario que te "saca por el techo"? Vamos, admítelo; yo también lo admito. Muchas veces no tiene nada que ver con lo que te dijeron, sino que puede estar más relacionado a eventos de tu pasado. En ocasiones activan tus botones y por arte de magia, estás encendido(a). Qué le vamos hacer: algunos necesitamos más mecha y otros necesitamos menos.

Cuando esto me sucede, por ejemplo, acostumbro sostener una conversación conmigo misma, tal vez de la siguiente manera:

> *"Oye niña, no es para tanto. ¿Qué es lo que ocurre que lo tomas tan personal?"*

> *"¿Qué fue lo que dijo, que te hace sentir de esa manera? Si además, con toda probabilidad tenía razón en lo que dijo."*

> *"¿Por qué te sientes tan a la defensiva?"*

> *"Piensa y analiza, ¿cuál fue la razón verdadera por la cual reaccionaste de esta manera?"*

Flujogramas para conocerte mejor

Hasta hace poco me percaté que la manera en que respondo a las situaciones y personas a mi alrededor es activando flujogramas. Un flujograma es una muestra visual o en forma de gráfica de la línea de pasos que refleje acciones como un proceso. Tengo varios flujogramas que aplico dependiendo de la situación, sin embargo, este flujograma que les presento a continuación es lo que llamo el flujograma básico, porque aplica a la mayoría de las situaciones que he tenido.

Por ejemplo, si alguien me dice algo que me incomoda o molesta entonces me pregunto: ¿Es personal? Si respondo que "no", procesar los eventos como flujograma me permite evaluar paso a paso cómo manejar situaciones difíciles y me ayuda a no darme permiso para que me moleste o me incomode. Recuerda que muchas personas pudieran dar la impresión de descargar algo contigo, mas sin embargo, puede no que no tenga nada que ver contigo.

FLUJOGRAMAS PERSONALES

Una
situación

Alguien me gritó

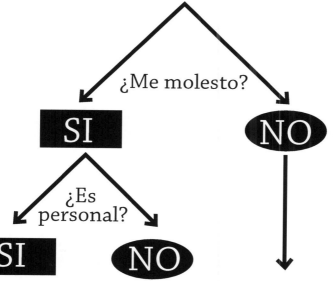

¿Me molesto?

SI

NO

¿Es personal?

SI

NO

Como lo trabajo de manera eficiente

Entonces no le des el permiso que te incomode, reconoce tu emoción y maneja la situación de manera eficiente

Déjale saber la situación (insumo), sobre su estilo de comunicación y busque alternativas

Si respondo que "sí", entonces, significa que es una oportunidad para analizar cómo debo abordar el tema con la otra persona. Las personas tenemos defensas naturales que nos indican que es información importante. Por lo tanto, evalúa qué te incomodó, y convérsalo con la otra persona para conocer más sobre lo que te dijeron y acordar soluciones.

El beneficio de los flujogramas es que no importa la ruta que tomes, al final hay un aprendizaje que puedes extraer. Así es que, ¡todo es positivo!

Solo cuando analizas detenidamente cada situación y cómo reaccionas ante ellas es que logras tener la oportunidad de darte cuenta si una reacción en particular no estuvo equilibrada con la situación. También te ayuda a comprender qué fue lo que posiblemente provocó una reacción a destiempo. Toma en cuenta que en ocasiones respondes por situaciones y experiencias pasadas, no necesariamente por la situación actual.

Sentimos que fuimos atacados solo porque alguien apretó uno de nuestros botones, y no necesariamente porque nos atacaron. Puede tener que ver con las palabras que utilizaron para dar el mensaje. (Recuerda que todas las palabras emiten emociones).

Carl Jung, decía:

> *Lo que te irrita de los demás, muchas veces tiene más que ver contigo que con la otra persona*
> Carl Jung

Es más fácil responsabilizar a los demás por las cosas que sientes, porque piensas que esto te releva de tener que trabajar con aquellas áreas que debes resolver primero contigo mismo. Cuando dicen que "la culpa es huérfana", pues es cierto, lo es. Cuando sientas la necesidad de hacer responsables a los demás por lo que sientes, evalúa primero:

1. **La situación**- Qué es lo que verdaderamente está pasando.

2. **La emoción**- Qué sentimientos o emociones te provoca esa situación. Recuerda que puede ser más de una emoción, porque usualmente se activan en ristras.

3. **La reacción** (entender, darte cuenta de, estar consciente de...) - Reconocer si tu emoción está en equilibrio con la situación, o en otras palabras, cómo estás expresando esa emoción. Por ejemplo, si estás gritando, llorando o meramente conversando. Ten presente que, si por ejemplo, decides gritar, esa es una reacción y no es la solución. Si lloras (otra reacción), es porque con toda probabilidad algo te afecta, y esto es una respuesta natural. Luego puedes entender qué te está afectando, porque entender tu reacción es crítico para evaluar tu estrategia y resolver tu situación y emoción.

4. **La estrategia**- Cómo solucionar la situación o dilema. Lo más importante es aprender de cada experiencia. Esto eventualmente te permitirá construir mejores estrategias para futuros escenarios porque te ayudará a evaluar comportamientos alternos con soluciones en beneficio de todas las partes.

¡Ah!, recuerda: Identificar estrategias alternas implica hacer cambios. Si no estás dispuesto(a) a hacer cambios, con toda probabilidad estarás repitiendo tus propias experiencias negativas pasadas y por ende honrando la definición del loco.

Una estrategia que tiende a funcionar conmigo es conversar con "mesmo" (contigo mismo(a)) como dice el comentarista político licenciado Roca, en el programa radial de "El bocadillo". Eso se llama introspección. El proceso de introspección te permitirá la oportunidad de entender o reconocer cuando una respuesta emocional es o no exagerada o fuera de proporción. El objetivo es alinear la situación o el escenario con tus respuestas (ya sean verbales o no verbales). Piensa sobre eventos pasados que te impactaron, y evalúa cómo respondiste (o no respondiste) y si obtuviste el resultado deseado. Posteriormente, evalúa qué otras alternativas pudieras haber elegido para aplicarlas en futuras ocasiones hasta que obtengas resultados que te favorezcan. Toma en cuenta a los demás también. Puedes utilizar el Cuadrante de Acción que compartí en el Capítulo 3 para que puedas aplicarlo a tu plan de acción.

Por ejemplo, a veces puedes olvidar reconocer que la persona que te da la información es genuina y sincera y como tal, debes aceptarla como buena. Si te incomodó tanto la manera como te lo dijo, entonces podrías ser igual de sincero(a) y dejarle saber qué fue lo que te incomodó para que puedan mantener una comunicación abierta, clara y genuina. Recuerda identificar tu flujograma.

Si la persona te respeta y la relación (o amistad) es genuina, recíprocale, ya que con toda probabilidad tomará como bueno también tu insumo (feedback). Reconozco que recibir insumo o retroalimentación es una de las áreas más difíciles de manejar. Sin embargo, más adelante compartiré algunos secretos de la comunicación para complementar estas ideas en el Capítulo 9.

No te desesperes, vamos a llegar, continúa leyendo.

Inteligencia emocional significa ser abierto(a), real y honesto(a) con respecto a tus sentimientos y emociones. El aspecto positivo de la inteligencia emocional es que puedes mejorarla, cambiarla o modificarla de manera continua. Aunque las emociones no pueden ser controladas, aprender a administrarlas de la mejor manera posible te permitirá aumentar su valor a través de un mejor uso.

Una de mis maestras, quien además es coach, mentora, y más importante, amiga, y a quien le debo mucho de mi crecimiento personal como profesional se llama Annie Torres. Ella me comentó que personas con alto nivel de racionalidad como yo (que relacionan el mundo que les rodea más con la razón o intelecto) tienden a depender menos de otras herramientas tan útiles como el intelecto, como lo son las emociones o la intuición.

Por ejemplo, en el mundo de los negocios, pensamos que podemos funcionar mejor sin las emociones (o por lo menos así lo pensaba yo) porque eso nos permite tomar mejores decisiones.

"Eternamente agradecida a ti, Annie. Fue una gran lección lograr muchos de los cambios, decisiones y ajustes que hice

posteriormente en mi vida, y hasta me motivaste a continuar y completar mis estudios doctorales".

Tu reto sería, por tanto, aprender cómo integrar los elementos emocionales necesarios que te permitan combinar o complementar ese intelecto que ya tienes, tomando en cuenta aspectos de la conducta humana que son tan o más importantes. Algunos elementos son:

1. Tus actitudes
2. Tus creencias
3. La manera en que interpretas las cosas que te pasan
4. Cómo traduces esas experiencias en información para eventualmente tomar mejores decisiones

Si no usas o complementas tu intelecto con información emocional, caerás en el riesgo de crear una miopía (falta de visión) que te impida entender lo que sucede en el mundo que te rodea. Y más importante, te impedirá balancear lo que piensa y sientes de los demás y de las situaciones que experimentas.

Un poco de ciencia, por favor.

El concepto de inteligencia emocional es uno que existe desde hace muchos años. Fue creado y desarrollado por varios psicólogos y estudiosos de la conducta humana muchos años antes que tú y yo naciéramos. Thorndike, un profesor de psicología, tal vez fue uno de los profesionales que proveyeron los primeros pininos o definiciones sobre las emociones. Thorndike indicó en el 1920 que los seres humanos poseen muchas clases de inteligencia, incluyendo la inteligencia social. Él definió la inteligencia social como la habilidad de entender y manejar a los demás durante las interacciones humanas, implicando tal vez una naturaleza emocional de esa inteligencia.

Gardner más tarde (1999) toma las ideas de Thorndike sobre las múltiples inteligencias, identificando claramente la primera de ellas como la habilidad de entender las emociones propias que producen estados internos y tener un mejor entendimiento de nuestras fortalezas y debilidades. La segunda idea que propuso Gardner tuvo que ver con la habilidad de entender y manejar las emociones de los demás.

Sin embargo, muchos años más tarde Daniel Goleman se convirtió en uno de los promotores modernos de inteligencia emocional e inclusive le dio fama popular a este concepto. Varios de sus libros han sido de los más vendidos relacionados con este tema, tales como *"Emotional Intelligence"* (1995). Años más tarde escribió otro libro enfocado en el concepto de la inteligencia emocional en ambientes de trabajo llamado *"Working with Emotional Intelligence"* (2000). Goleman utilizó la inteligencia emocional como su base conceptual para maximizar y desarrollar las destrezas de liderazgo en los ambientes de trabajo.

Goleman es también autor del libro de *"Social Intelligence: The New Science of Social Relationships"* (2006), (Inteligencia Social: La Nueva Ciencia de las Relaciones Sociales). Este último libro enfoca el estudio de la inteligencia emocional a un nivel más interpersonal. El libro provee evidencia, por ejemplo, de áreas importantes en los roles de los padres y abuelos que

Buenos Días, INTELIGENCIA EMOCIONAL...

en última instancia influyen y definen nuestras vidas. Este aspecto tiene suma importancia en la inteligencia social en niños, y Goleman comparte ideas y sugerencias para reducir la incidencia de violencia, abuso de drogas y embarazo en niñas y cómo promover una base positiva hacia el proceso de aprendizaje en general.

Las emociones se originan a partir de una actividad dentro del cerebro humano. Jerome Kagan (2007) en su libro *"What Are Emotions?"* (¿Qué son emociones?), aclara que a pesar de que las emociones provienen de una actividad del cerebro (y coincide con mi idea de que las emociones son un fenómeno psicológico que está bajo la tutela personal de cada individuo [bajo tu responsabilidad como su custodio]), la misma varía de acuerdo a los rasgos de la personalidad, la situación y hasta los factores biológicos de cada individuo. Lo importante es que entiendas que:

Las emociones son respuestas a eventos externos o internos y esas respuestas son de carácter individual.

Existen por tanto múltiples factores que influyen sobre cómo respondes ante las situaciones y eventos que experimentas. Estas respuestas están basadas mayormente en la manera en la cual fuiste criado(a) y en variables tales como factores culturales. Bueno, ahora dejaré fuera los aspectos científicos, pues te prometí ser breve y que solo los utilizaría cuando sienta que te ayudará a entender más sobre este fascinante tema.

EN SÍNTESIS

- La inteligencia emocional es un conjunto de destrezas que definen cuán eficazmente logras percibir (reconocer), expresar, entender, razonar y manejar tus sentimientos (o emociones) y los de los demás.

- Identificar cómo están tus emociones a través del día es crítico, porque ellas a su vez determinan cómo actúas y expresas esas emociones.

- Tu cuerpo tiene métodos alternos de comunicación que muchas veces hablan más que tus palabras.

Por tanto, cuando hablas,

1. ¿Cuán consciente estás de los mensajes que puedes estar enviando inadvertidamente?

2. Cuando tienes coraje, ¿cuán consciente estás de lo que expresas con tu cuerpo?

3. ¿Cómo te expresas cuando estás feliz?

6

Tu Conciencia Emocional- Érase una vez...

La vida no es una jornada en la cual debemos llegar a nuestra tumba con un cuerpo bien preservado. Por el contrario, totalmente usado y desgastado, gritando 'caramba, qué buen viaje!' Disfruta el viaje, porque no hay devolución de boletos
Anónimo

Cuando se trata de emociones, ¡todo comienza y termina contigo! La conciencia (o conocimiento) que pudieras tener sobre ti mismo(a) es una destreza fundamental para el éxito que deseas lograr. La conciencia de quién eres surge como resultado de un fluir de ideas, pensamientos y sentimientos que pasan a través de tu mente. El diccionario define conciencia como:

Conciencia

La parte de tu mente que te alerta de tus acciones. Es el estado de conocer algo.

Por tanto, para estar "consciente" de tus emociones debes conocer, o mejor aún, reconocer esa(s) emoción(es) específica(s) que experimentas en un momento dado. **Porque no puedes trabajar con lo que no reconoces que existe.** Es por esto que reconocer tus emociones (o estados anímicos) conjuntamente con tus acciones es vital para adquirir o mejorar una conciencia emocional y lograr que estén en balance. *¿Cómo se relaciona esto con la inteligencia emocional?* Definamos primero algunos conceptos para luego aplicarlos al tema.

Tener una buena conciencia emocional de ti mismo(a) significaría que tuvieses la capacidad de identificar y reconocer adecuadamente el estado de tus emociones en un momento dado. La definición es simple, aplicarla tal vez no. Sin embargo, ¿cuántas veces sientes que has cambiado de humor en algún momento del día sin tener una razón aparente para ello? Más aún, si cambias de humor, ¿cuántas veces te percatas de que cambiaste? ¿Te acuerdas de los escenarios típicos que con toda probabilidad has experimentado a diario en la introducción? Si es así, con toda probabilidad estas situaciones cambian tu humor o emoción, que caminan contigo gran parte de tu día.

Observar y evaluar tu estado emocional a la par con las cosas que te suceden es lo que significa tener una conciencia emocional saludable o en balance. Esto es así porque tus respuestas a estas emociones o estados anímicos definen primordialmente quién eres. Oye, y no digo que no tienes derecho a sentir coraje, enojo o molestias por las cosas que te pasan. Por el contrario, reconocer que estás molesto(a), o que tienes coraje, decepción, tristeza o hasta alegría es un proceso saludable y hasta recomendado. Y solo cuando aprendas a reconocer tus estados anímicos, a reconocer cómo te sientes en un momento dado, o cuándo cambias tus estados, es que estás listo(a) para decidir cómo es que manejarás esas emociones. Como dije, no puedes manejar lo que no conoces que existe...

Tus Patrones de Conducta

Entonces, ¿cómo puedes mejorar tu conciencia emocional? Primero debes identificar o evaluar tus patrones de conducta.

---

*Un **patrón** es una manera repetitiva en la cual las cosas suceden.*

En el comportamiento humano, los patrones de conducta se consideran maneras repetitivas de responder a situaciones. Tu conducta está mayormente definida o alineada a tu personalidad y crianza, ¿te acuerdas?

Tal como no existen dos huellas dactilares iguales, tu personalidad también es única. Son, si lo podemos explicar así, diferencias individuales entre cada persona. En fin, es lo que nos hace indivisibles, y es en resumen, **tu esencia.**

Las características de tu personalidad están compuestas por un conjunto de patrones de cómo piensas, sientes y te comportas.

Los rasgos que típicamente exhibes (que otros ven u observan a través de tu comportamiento, por tu manera de hablar y hasta de sentir) viajan contigo a través de tu vida completa. Por ejemplo, si te definen como tímido, alegre, extrovertido, sociable (¡o hasta atrevido!), muchas veces lo que los demás están definiendo de ti son los rasgos de tu personalidad. Es lo que ellos piensan sobre quién eres basados en cómo actúas.

¿Cómo se ata esto a tu conciencia emocional? Si logras evaluar de manera activa, por ejemplo, a través de las cosas que te suceden a diario, podrías también evaluar cuáles son los diferentes estados anímicos y emociones que vas experimentando y reflejando. Si te tomas el tiempo de hacerlo, tendrás una buena oportunidad de crear una conciencia más activa de cómo, por ejemplo, un evento o situación influye en tu comportamiento, y porqué activó una que otra emoción.

Si tienes la oportunidad de detenerte varias veces al día y pensar en las cosas que te han ocurrido, lograrás crear conexiones sobre cómo respondiste a ellas (sea positiva o negativamente). Esto te permitirá crear procesos más activos para responder a ellas en futuras ocasiones. Así, crearás un proceso más consciente sobre cómo mejorar tu inteligencia emocional.

La conciencia emocional de ti mismo (propia) es el proceso de evaluar periódicamente y durante el día cómo te sientes, qué eventos influyen en tu humor o cambios de tu humor y analizar cómo respondes a ellos.

Aprender a identificar cuál es tu estado emocional de manera más activa, te lleva a mover lo que sientes de manera más natural, para así elevar tu experiencia y sabiduría. Está bien que reconozcas que ahora tal vez tiendes a reaccionar de manera automática e inconsciente. Sin embargo, cuando adquieres mejor conciencia, también adquieres la sabiduría para entender y luego construir otros y mejores resultados. Recuerda, lo que todos buscamos en la vida de una manera u otra es obtener un mejor entendimiento y significado de nuestras vidas y cómo podemos alinearlas mejor a nuestros valores.

Elevar tu conciencia emocional te llevará a aprender cómo responder versus reaccionar.

Esta actividad te permitirá entender cómo podrías responder mejor ante situaciones similares para que sean reflejo de los valores que te definen. Recuerda que los valores solo podrán ser vividos y reflejados a través de tu comportamiento.

Las Emociones y los Valores

¿Ahh, y qué son valores?

Los **valores** son principios o normas que tiene un individuo o un grupo, que influyen y guían los sentimientos y emociones.

Los valores por lo general están basados en una escala de prioridades que utilizas para actuar. Crean la fuerza motora para todo lo que decides hacer (e inclusive no hacer). Se convierten en muchas ocasiones en el entendimiento que tienes sobre la diferencia entre el bien y el mal. Algunos valores pudieran ser por ejemplo: integridad *(aquellas cosas que no harías porque comprometen quién eres)*, cumplimiento, honestidad, responsabilidad, empatía, disciplina y otros. Para ti, por ejemplo, el valor de la *integridad* pudiera estar en tu lista como un valor primordial, mientras que para otra persona, *disciplina* pudiera tener ese mismo nivel de valor que tú tienes asignado a *integridad*.

Los valores son los factores que determinan precisamente las diferencias entre cada ser humano. Al final del día tus valores moldean tu comportamiento y hasta influyen en las decisiones que tomas en un momento dado. ¿Entiendes ahora su importancia?

Cuando estaba recién casada muchas lunas atrás (LOL), en un momento dado mi esposo y yo nos quedamos sin trabajo simultáneamente. Fueron tiempos muy difíciles para nosotros porque teníamos ya dos hijos pequeños. Los retos fueron muchos, y aunque no entraré en todos los detalles de las experiencias y situaciones que tuvimos (porque aún me causa dolor sentir y recordarlo), debo reconocer que el manejo de mis emociones no estaba bien calibrado en todo momento. Reconozco también que no tenía el conocimiento o entendimiento de lo que ya he aprendido a través de los estudios, mi profesión y las experiencias de la vida sobre el manejo de mis emociones. ¡Imagínate cuán difícil fue!

Luego de varias semanas (y tal vez meses), logré entender que lo que estaba sintiendo era auto-pena y estaba saboteando nuestra relación por cosas que no estaban bajo el control de ambos. Pensaba por ejemplo, "¿por qué esto nos estaba pasando?", que "la vida no era justa", y tenía coraje con el mundo, etc., etc. (*¿por casualidad te es familiar esta manera de pensar cuando algo negativo o difícil te ocurre?*). Lo que ambos eventualmente entendimos era que debíamos tomarnos un tiempo para analizar lo que estábamos pasando, qué opciones teníamos y cómo íbamos a enderezar nuestra situación.

Aunque no podía controlar todos los eventos a mi alrededor, sí podía controlar o manejar mejor cómo estaba respondiendo. Más aún, aunque no podíamos resolver de inmediato nuestro desempleo y necesidades económicas, sí estaba bajo nuestro control cómo estábamos respondiendo a ellas. Reconocí también que estaba complicando más aún lo que ocurría por mis reacciones emocionales. Posteriormente logré analizar lo que sentía: rabia, desilusión, decepción, pena, dolor (les dije que las emociones muchas veces se activan en ristras) y entendí que en ese estado emocional continuo, con toda probabilidad las cosas no irían en una buena dirección.

Buenos Días, INTELIGENCIA EMOCIONAL...

Comprendí también que estaba excluyendo a mi esposo de la ecuación, e inclusive, no estaba tomando en cuenta cómo él se estaba sintiendo. ¡No estaba al tanto de lo que él estaría sintiendo, porque estaba enfocada en mis necesidades solamente! Posteriormente aprendí que para él era mucho más difícil, porque en nuestra cultura, el varón es percibido como el proveedor principal para el sustento del hogar. Uff, qué tiempos aquellos tan difíciles...

Estoy compartiendo contigo algo que hasta ahora fue una de las experiencias más difíciles de mi vida, y que no he compartido con muchas personas. No soy persona de hablar de las experiencias negativas o de nuestro matrimonio por conceptuarlas como personales, sin embargo, pienso que es oportuno, ya que fue un evento trascendental para llevarnos a donde estamos hoy como matrimonio y relevante al aspecto de las emociones. Así es que me arriesgo para beneficio del tema y sentirme abierta a dejarles saber cómo soy.

A meses de nuestro dilema financiero (y no desear pedir ayuda a nuestra familia, creo que más por orgullo), llegamos a una etapa que restringimos las salidas a lo urgente solamente para ahorrar gasolina. Lo que comprábamos lo hacíamos basados en nuestra redefinición de gastos esenciales (que para nosotros estaban más enfocados en nuestros hijos).

Sin embargo, un día nos dimos cuenta que estábamos irritados, y los niños ya estaban en la necesidad de una distracción. Javier me sugiere que vayamos a dar una vuelta. Lo pensé un poco, y hasta iba lista a objetar ya que estaríamos gastando nuestros últimos cinco dólares en gasolina (ah, recuerden que esto fue aproximadamente 30 años atrás donde cinco dólares era una cantidad significativa, y hasta llenábamos el tanque de gasolina del auto con eso, ¡ja!).

Durante nuestro paseo, él decidió llegar hasta el área de San Patricio Plaza, un Centro Comercial en el área metropolitana. Para aquellas personas que son de nuestra generación (antes de Menudo, por supuesto) o que no conocen de Puerto Rico, allí había un pequeño centro de diversiones que se llamaba "Felicilandia", ¿se acuerdan? En aquel momento, me enojé mucho con mi esposo porque notaba cómo nuestros hijos se llenaron sus ojos de esperanza y tristeza a la vez, porque sabían que no podíamos entrar por no contar con dinero. Ellos estaban conscientes de nuestra situación económica, y hoy les reconozco, para mi tristeza, que se ajustaron a esas limitaciones y no me acuerdo haberlos escuchado quejarse y mucho menos pedir algo porque ya sabían que con toda probabilidad no habría dinero (ellos tendrían como 6 y 7 años respectivamente).

Para aumentar mi coraje, Javier se estacionó en la calle al frente de centro de diversiones. Sin embargo, opté por quedarme callada, más por curiosidad, y tal vez porque deseaba luego tener una buena razón para pelear sobre su pobre decisión de hacer sufrir a los niños (bueno, dicen que a la miseria le gusta la compañía).

Nos bajamos del auto, y poco a poco caminamos hacia la entrada. Ok, ya no podía más con mi silencio (algo difícil para mí en aquellos tiempos), y le dije molesta (aunque en voz baja para que los niños no escucharan), "¿Qué haces, Javier? ¡Sabes que no podemos entrar, y habíamos acordado que ante la situación difícil que estamos pasando, íbamos a proteger a los nenes lo más posible!"

En aquel instante, Javier abrió su cartera, y de una de las esquinas de ella ¡extrajo un billete de veinte! Aún lloro cuando pienso en toda esta etapa, y demás está decirles que estoy llorando mientras escribo esto.

A medida que sacó el billete de veinte me dijo: "Amor, estaba guardando este billete de veinte para una emergencia, y creo que esta es una emergencia". En ese momento, los niños nos miraron con ilusión, y sin embargo, no hablaron porque tenían miedo a que la respuesta fuese "no, no podemos entrar porque no tenemos dinero". Entonces Javier les dijo "sí, podemos entrar, ¡móntense todas las veces que deseen, que hoy somos ricos!" Al pagar la entrada (a la verdad que no me acuerdo cuánto era) podían montarse ilimitadas veces.

Y mientras vimos la alegría en sus ojos, sabíamos que mañana regresaríamos a nuestra realidad, y ambos lloramos. Sin embargo, supimos que todo iba a salir bien, porque nos teníamos uno al otro, y porque nuestros hijos habían entendido que el dinero no era lo más importante y fueron todos unos campeones durante ese proceso. Fue una gran lección para nosotros, y el significado de cómo aprender a manejar nuestras emociones de la mejor manera que pudimos. Esta experiencia nos enseñó humildad, amor por los pequeños detalles y más importante, todas las cosas que la vida nos ofrece sin requerir ni un solo centavo, porque son gratis y están dentro de cada ser humano.

¿Qué fue lo que nos ayudó a superar esta situación? Primero, tomamos momentos puntuales para conversar sobre cómo nos estábamos sintiendo. Segundo, establecimos una conexión para convertir un problema individual en uno colectivo (todos para uno y uno para todos como los tres mosqueteros) y tercero, posteriormente evaluamos alternativas para posibles soluciones. A través de nuestro matrimonio, nos prometimos que cada vez que nos sintiéramos desanimados, íbamos a apoyarnos el uno al otro y a mantener las puertas de la negociación abiertas para redefinir reglas o acuerdos cuando fuese necesario. Y 38 años más tarde, ¡aún funciona!

El beneficio posterior a nuestros procesos de "sinceramiento" fue que adquirimos una mejor conciencia sobre cómo nuestras emociones estaban causando un efecto en nosotros (aun cuando en aquel tiempo no sabíamos que se llamaba inteligencia emocional), y cómo lo estábamos manejando. Más importante aún, aprendimos a crear espacios entre nosotros para conversar y continuamente buscar soluciones. Y así lo hemos hecho por estos 38 años de casados. Ah, y para darle un final feliz a mi historia, aproximadamente dos semanas más tarde a este evento, ambos encontramos trabajo, casi de manera simultánea.

¿Cuáles fueron nuestras lecciones más grandes? Aprendimos que no es posible pelear contra el mundo, los retos, la familia o inclusive con los compañeros de trabajo a menos que tomemos el tiempo para entendernos mejor. Hay que lograr entender el efecto que tienen tus emociones en ti en primer lugar y luego en los demás. Esta debe ser una de tus metas primordiales. Incluye como objetivo entender el efecto que tienen las cosas que te pasan y cómo estás respondiendo a ellas para así considerar de manera natural a las personas que se impactan por tu comportamiento.

Explica tu coraje o frustración, no lo expreses, y de inmediato abrirás las puertas para la solución de esos argumentos.

Recuerda, trabaja contigo primero y luego toma tiempo para entender a los demás. El orden no debe cambiarse. En ocasiones tendemos a enfocarnos en tratar de entender, analizar, juzgar a los demás y hasta creemos que sabemos la manera de resolver los retos de los demás sin necesariamente tomar en cuenta que es más importante trabajar con nuestras propias circunstancias, limitaciones y tareas por trabajar. Busca maneras de cómo manejar tu quiosco personal y luego estarás listo para alimentar a los demás con sabiduría.

Si cada ser humano trabajase en mejorar los aspectos individuales de sí mismo, tal vez no habría necesidad de tratar de cambiar o frustrarnos con los demás. Porque cualquier reto que pudiéramos tener con ellos, con toda probabilidad caerá en su lugar. La energía que a veces utilizas para cambiar a los demás la podrías redirigir a trabajar con tu crecimiento o mejoramiento personal.

El siguiente capítulo te proveerá ideas y herramientas para conocer y entender las emociones de los demás. Recuerda:

Las emociones de los demás no están allí para que las juzgues o controles sino meramente para que las entiendas.

EN SÍNTESIS

- Para mejorar la manera en que respondes a las situaciones que te ocurren de manera satisfactoria, es indispensable activar tu conciencia emocional.

- Conciencia emocional sobre ti mismo(a) es la parte de tu mente que te alerta de tus acciones producto de esas emociones. Es el estado de conocer algo. Sería difícil tratar de mejorar algo que no reconoces. En ocasiones tus patrones de conducta, dícese la manera rutinaria de hacer algo, haría un poco difícil esta tarea.

- Entender también cómo se conectan tus emociones a tus valores es crítico. Los valores son principios o normas que tiene un individuo o un grupo, que influyen y guían los sentimientos y emociones. Los valores son los factores que determinan precisamente las diferencias entre cada ser humano. Al final del día tus valores moldean tu comportamiento y hasta influyen en las decisiones que tomas en un momento dado.

- Explica tu coraje o frustración, no lo expreses, y de inmediato abrirás las puertas para la solución de esos argumentos.

Buenos Días, INTELIGENCIA EMOCIONAL...

Por tanto

1. ¿Cuán consciente estás de cómo van evolucionando tus emociones a través del día y las situaciones que enfrentas?

2. Si varias veces al día te percataras de tus estados anímicos, ¿qué beneficios entiendes que obtendrías?

3. ¿Cómo atas tus valores a la manera que te ves y defines al mundo y las personas que te rodean?
   a. ¿Cómo utilizas tus valores para evaluar o juzgar a los demás?

4. ¿Qué oportunidades crees que tienes ahora que conoces más sobre tu propia Conciencia Emocional?

7
Tu mundo a través de los espejos de los demás

> *No niegues la percepción de los demás. No discutas con su experiencia. No repudies sus sentimientos. Específicamente, no trates de convencerlos de que lo que ven, oyen o sienten no es así.*
>
> Haim Ginott

E res sin la menor duda un ser especial, individual y diferente, por tanto, reaccionas o respondes de manera diferente a otras personas y muchas veces ante la misma situación. Esa es la belleza de la individualidad que cada persona posee. ¡Es una bendición y a la vez una maldición! Por un lado te gusta ser único(a), aunque por otro lado a veces sientes no tener la capacidad (u oportunidad) de entenderte cabalmente. Más aún, pudieras estar rompiéndote la cabeza tratando de descifrar las acciones de las demás personas que te rodean.

Evaluar tu emoción de manera certera envuelve muchos factores. *Primero*, requiere entender la situación, segundo, la interpretación y por *último*, la percepción que tiene para ti. La respuesta o sentimiento que le das o atribuyes a una situación está sujeta mayormente a tu interpretación personal. Tus experiencias pasadas y hasta la manera en que fuiste criado te proveen filtros (a veces demasiados subjetivos) para que puedas interpretar el mundo. Esto es precisamente tu individualidad. Sin embargo, recuerda, ¡esa realidad no es tuya solamente! También le pertenece a otros por igual.

Los valores que tienen las demás personas también definen su mundo y cómo interpretarán las cosas que suceden a su alrededor. Yo le llamo *"espejos"*. Lo complicado es que a veces te enfocas más en tus emociones en vez de detectar o balancear las emociones de los demás. Peor aún, cuando no te enfocas o preocupas por los espejos de los demás, esto te llevará con toda probabilidad a juzgar en vez de evaluar de manera objetiva.

Déjame conectar esto con la ciencia, pues tal vez te ayude a entenderlo mejor. Los psicólogos sociales identifican un fenómeno llamado "falsa atribución".

Falsa atribución es una tendencia a sobrestimar el efecto que tienen los factores de la personalidad y subestimar (le das menos valor) el efecto de las situaciones para explicar tus comportamientos.

¿Confundido(a)?
Déjame proveerte un ejemplo.

Si alguien te da un corte en la autopista, inmediatamente podrías comentar, "¡Esta persona tiene pantalones!" (¡como mínimo!). Tal vez ese conductor no acostumbra hacerlo, y solo lo hizo porque estaba en una emergencia real (ok, solo es un ejemplo). La falsa atribución es la que vemos en los demás pero que con muy poca probabilidad la veríamos en nosotros. Cuando nosotros hacemos algo, como por ejemplo darle un corte a otras personas en la carretera, aparentemente lo hacemos por una buena razón o circunstancias del ambiente (las que con toda probabilidad no les darías como beneficio a otras personas). Sin embargo, en los demás la ves como un defecto.

Si alguien no te devuelve una llamada, entonces quizás piensas que es un desconsiderado, que no le importas y no merece estar en tu lista de amigos(as). Junto con la "falsa atribución" es el hecho de que tendemos a tomar las cosas de manera personal. Añadir un poco de empatía hacia los demás te dará la oportunidad de darles el beneficio de la duda, de la misma manera en que quisieras la oportunidad de que los demás te lo dieran a ti.

Buenos Días, INTELIGENCIA EMOCIONAL...

Por otro lado, entender a otras personas es más difícil porque en ocasiones no sabes con certeza lo que piensan o sienten. Pudieras también no entender o no estar tan consciente sobre los valores de otras personas como para evitar juzgarlos sobre el racional de sus decisiones y acciones. Más importante aún, debes darte cuenta que no necesariamente están bajo tu control.

Aprender a descifrar las emociones de los demás te permitiría esperar el momento indicado (o determinar cómo proveer mejores mensajes) para aumentar la probabilidad de que su respuesta valide tus expectativas. ¿Cómo puedes determinar esto? El proceso de reconocer estas emociones es precisamente parte esencial de la inteligencia emocional. Si estás pendiente a las señales que pudieras estar mostrando a los demás en un momento determinado (usualmente mediante la comunicación no verbal), entonces con toda probabilidad estarás aplicando la destreza de desarrollar una "conciencia emocional" sobre otras personas.

Si sientes que tus ideas, manera de pensar y hasta decidir tienen toda la validez del mundo (y por supuesto esto es natural), entonces, ¿cuán válidas e importantes serán las ideas y forma de pensar de los demás? La capacidad de evaluar y considerar los aspectos emocionales es un componente importante dentro del concepto de inteligencia emocional.

Según el modelo de Genos, del cual les he compartido con anterioridad sus filosofías y postulados:

Conciencia Emocional sobre los demás se refiere a la frecuencia con la cual reconoces, consideras y evalúas las emociones de otras personas.

Esta destreza se relaciona con la manera en que reconoces, entiendes, y respetas las emociones (y puntos de vista) de otras personas. Aclaro que esto no necesariamente implica que tengas que estar de acuerdo con las demás personas en todos sus planteamientos. No obstante, sí implica que aunque no estés de acuerdo con ellas, hay razones lógicas por la cual esto es así. Estés o no de acuerdo con los demás, reconoce sus ideas. Son oportunidades únicas para conectar efectivamente con los demás. Ejemplo de ello pudiera ser: "Me agradan tus ideas, aunque no necesariamente esté de acuerdo con ellas". No condiciones la validez de las ideas al estar o no de acuerdo con ellas.

Si reconoces que las experiencias también moldean el mundo de los demás, sería más fácil respetar su mundo. Desmenucemos este concepto un poco más.

Modelos Mentales

Ya habíamos comentado en algunas secciones anteriores que una de las formas en las cuales los seres humanos aprenden es a través de la crianza. Tus experiencias van creando lo que se conoce como modelos mentales. ¿Y qué son modelos mentales?

Los modelos mentales son ideas, interpretaciones o percepciones que hacemos sobre nosotros y sobre los demás, sobre algún tema o evento y por lo general, sobre el mundo que te rodea.

Los modelos mentales son como filtros. Basado en estos modelos mentales (lo que tú crees que son las cosas de este mundo), formulas y creas ideas que utilizas para interpretar a otras personas, tomar tus decisiones y hasta definir las cosas que te suceden. Son filtros, porque basado en tu manera de pensar, filtras tus ideas y decides cómo responder o llegar a tus conclusiones. En ocasiones te pueden ayudar y en otras te pudieran detener o perjudicar.

Por ejemplo, el aumento en la presencia de mujeres en posiciones importantes dentro de organizaciones o mujeres dueñas de negocio, ha sido en parte producto de los cambios en esos modelos mentales. Estos cambios han surgido gracias a los cambios en los pensamientos colectivos de la sociedad. ¿Recuerdas? Paradigmas. Esto también ha redefinido la idea de las capacidades que tenemos las mujeres (¡amén por ello!) para dirigir organizaciones y ser exitosas en el mundo de los negocios. Esto es, por supuesto, sin sacrificar nuestros roles más tradicionales como mujeres, esposas y madres.

Sin embargo, si tu modelo mental (o filtro) por ejemplo, es creer que como mujer no tienes las mismas capacidades que los hombres para realizar exitosamente esas tareas, entonces probablemente tú te conviertes en tu propio obstáculo principal. El modelo mental que pienses en un momento dado pudiera muy bien influir en los resultados que esperas. Por ende, el objetivo sería evaluar cómo mejorar tus filtros para que puedan ser lo más efectivos, claros, certeros y objetivos posibles y así obtener las metas y objetivos que deseas.

Los modelos mentales sin duda influyen en tus emociones y están estrechamente atados a tus valores.

Vamos a ver un ejemplo: una persona que determina que la honestidad está en un alto nivel dentro de su escala de valores, pudiera sentirse incómodo al mentirle a su supervisor sobre la razón por la cual llegó tarde. Aún si él/ella fue negligente, decidiría tal vez sentirse más cómodo diciendo la verdad. Bajo este mismo escenario, otro empleado, para quien el valor de la honestidad no está en la misma escala de prioridades (por ejemplo, si para él/ella la responsabilidad es más importante que la integridad), pudiera sentirse más cómodo(a) ocultando la verdadera razón por la cual llegó tarde (se le pegó la sábana, por ejemplo, ¡ja!) y por ende, percibe que la única manera de demostrar que es responsable es mentir.

Los valores son principios o normas que tiene un individuo o un grupo que influyen y guían los sentimientos y emociones.

Cuando no tomas tiempo para entender por qué una persona piensa de cierta manera o toma decisiones que tú no entiendes, te encuentras muchas veces juzgándola. Tus espejos personales tal vez no te permiten ver o entender los espejos de los demás. Estos espejos son también filtros.

Reconozco que entender las distinciones de valores para cada persona no es fácil, porque se relacionan con la manera en la que estás acostumbrado(a) a pensar y sentir. Recuerda sin embargo que los valores sirven como ventanas para entender mejor las situaciones y sus eventos.

Antes de continuar quiero aclarar varios puntos porque lo creo pertinente a lo que estoy conversando. Recuerda que todo lo que estás leyendo en este libro con toda probabilidad lo estás filtrando a través de tu espejo (ni bueno ni malo). Por tanto, quiero mencionarte lo que llamo mis **reglas universales** sobre las emociones o sentimientos:

1. Las emociones no son buenas ni malas, son lo que son.

2. Tienes el derecho a activar tus emociones o sentimientos en un momento dado. De la misma manera que los demás tienen el mismo derecho con sus emociones y sentimientos.

Por tanto,
3. No debes juzgar las emociones de los demás y nadie debe juzgar las tuyas.

4. Todos los seres humanos tienen la necesidad de que sus emociones sean reconocidas. Minimizarlas o pedirles a los demás que minimicen sus emociones no resolverá mucho.

5. Enfócate en los comportamientos (si tu emoción parea con la situación) y menos en las personas.

¿Recuerdas mi ejemplo anterior, sobre si le mentirías a tu jefe si llegases tarde al trabajo? Si consultaras con otras personas sobre qué ellos harían, probablemente escucharías una variedad de opiniones, respuestas e ideas creativas de cómo resolver la situación. Sin embargo, las respuestas con toda probabilidad estarán alineadas a los valores de cada individuo. Y no dudes que algunas de ellas pudieran estar en sentido contrario a sus valores. Recuerda que en muchas ocasiones comprometemos nuestros valores sin darnos cuenta.

¿Y qué tienen que ver los valores con toda esta burundanga? Piensa por un momento que tus valores son tu barómetro (o termómetro) interior para evaluar y entender los comportamientos tanto tuyos como de los demás. ¿Te has encontrado alguna vez con que no entiendes por qué otras personas no ven las cosas de la misma manera que tú? Inclusive, ¿cuántas veces te has enojado porque los demás no ven las cosas tan claras como tú las ves? Cuando te enojas o molestas es porque probablemente estás haciendo un juicio emocional basado en cómo tú eres, o en otras palabras, basado en cómo te criaron y en tus valores.

En pocas ocasiones te detendrás por un momento para pensar cuáles fueron las razones o circunstancias que pudieron intervenir en otras personas para que llegaran a conclusiones distintas a las tuyas. No olvides que ellos también tienen su propio barómetro. No es que el tuyo sea el correcto o el incorrecto, o mucho menos que el de los demás sea mejor o peor que el tuyo. Simplemente es distinto. La belleza de la individualidad, y lo que te permitirá evaluar y apreciar a los demás tales y como son, es que cada barómetro es uno individual, con una calibración única.

Si te enojas o molestas con los demás sin considerar los valores de los demás, entonces te puedo asegurar que te será muy difícil entenderlos y conectarte con ellos porque no tendrás toda la información para hacerlo.

¿Ya te comenté que me considero una persona muy sentimental? Sí, lo sé, en más de una ocasión. Por ejemplo, si alguien me grita: lloro. No lo puedo evitar, es como si le disparasen directamente a mis emociones. Sin embargo, a través de los años he aprendido y entendido que proviene de la manera en que me criaron. En mi casa, mis padres evitaban gritarnos porque existía un alto nivel de respeto con respecto al trato conmigo y con mis hermanas. Cuando observo a otras personas gritándose o maltratándose emocionalmente, percibo (y por ende siento) que lo hacen porque no hay amor o respeto. Mis emociones hoy día aún responden a esos valores. Si no me crees, pregúntale a mi esposo quien es mi testigo fiel. Aunque debo que admitir que mis episodios de llanto ya no son tan frecuentes, tal vez porque tengo más entendimiento sobre el porqué, y además él cuida su tono de voz y trato tanto conmigo como con otras personas.

Los valores sociales (o paradigmas) son creencias o ideales compartidos por los miembros de una cultura sobre lo que es bueno y deseable y lo que no es bueno y deseable. Cuando evalúas o juzgas el comportamiento de otras personas con toda probabilidad lo estás haciendo basado en **tus** valores y no en los de ellos. "Ah, Emilia, ahora entiendo por qué a veces no estoy de acuerdo con todas las personas que me rodean, por qué me irrito cuando observo que sus ideas no tienen validez..."

El que estés de acuerdo o no con otras personas, no es tu reto principal. Tu reto principal es cómo puedes lograr respetar las ideas de los demás, escucharlos cuando te explican el porqué de sus decisiones, y más importante, entender que otras personas con toda probabilidad piensan diferente a ti. Esto no significa necesariamente que tú o ellos estén equivocados. Lo que significa es que la capacidad u oportunidad que tienes de valorar a personas diferentes a ti y aceptarlas sin juzgarlas, es una de las mayores destrezas de inteligencia emocional que puedes adquirir y definitivamente te eleva como ser humano. Aunque reconozco también que es una de las áreas más difíciles de aprender como ser humano.

Los valores juegan un papel importante porque te permitirán entender mejor por qué te sientes de cierta manera en un momento dado o ante ciertas experiencias o situaciones. Además, sirven como base para entender cómo se sienten los demás y responder de manera diferente (o similar).

EN SÍNTESIS:

- Los valores guían tus comportamientos porque son reglas y postulados que aprendes basados en la manera en que fuiste criado. Contar con la destreza de la conciencia emocional sobre los demás es entender que las demás personas son distintas, porque precisamente sus valores difieren de los tuyos.

Por tanto,

1. ¿Cómo le comunicas a los demás cuando no coincides con sus ideas o planteamientos?

2. ¿Cómo logras valorar a las demás personas que son distintos a ti?

3. ¿Cómo evitas juzgar a otras personas, y promueves mejores destrezas para entender a los demás tal cuales son?

4. ¿Cómo logras valorar a otras personas, aún cuando no comparten los mismos valores que tú?

8

Empatía-
¿Me quieres;
no me quieres?

*Sentir gratitud y no expresarlo es como
envolver un regalo y no entregarlo*
William Arthur Ward

Nos pasamos toda una vida empaquetando regalos bonitos para entregarlos a otras personas, y lamentablemente muchos de esos regalos no llegarán a su destino. ¡Qué pena! Tal vez has comentado o escuchado la frase "¡es que él/ella no me entiende!". ¿Y qué es lo que verdaderamente significa? ¿Por qué sientes o percibes que

Buenos Días, INTELIGENCIA EMOCIONAL...

otras personas no te entienden? Para explicar esto quiero hablarte de la palabra **empatía.**

Empatía no es lo mismo que simpatía. La simpatía está más relacionada a la tendencia de buscar apoyo o asistencia de los demás mediante acciones para atraer su atención. La simpatía está relacionada más con tus emociones (versus las de los demás). Por ejemplo, "**(Yo)** Estoy molesta porque no hiciste tu asignación". Este ejemplo es simpatía, versus empatía: "Lamento que te sentiste incómodo por lo que dije". Este último ejemplo va dirigido o está relacionado a las emociones de los demás.

El diccionario de Merriam-Webster define empatía como la acción de entender, estar consciente de, ser sensitivo a las emociones, pensamientos y experiencias de los demás sin tener las emociones, pensamientos y experiencia de esa persona.

El diccionario de la Asociación Americana de Psicología (2008) simplifica el término aún más, y es la definición que llamo de "arroz y habichuelas", por lo cual me gusta utilizarla más para mis talleres:

---

*Empatía= Entender y conectar con las emociones de una persona desde **Su** punto de vista y referencia versus el nuestro.*

Lograr expresar empatía efectivamente es leer de manera certera dónde están los demás emocionalmente. Es, en fin, entender y conectar con las demás personas en cuanto a sus sentimientos y emociones. Conceptualmente tú crees que lo haces. Más adelante te explicaré cómo es que podrías practicar de manera natural este proceso y tener la oportunidad de evaluar cuánto ejercitas tus destrezas de empatía.

Uno de los comentarios humorísticos que utilizo en los talleres de inteligencia emocional es que en Puerto Rico en cada esquina existe un psicólogo, un abogado y un doctor (*sin ofender a ninguno de estos excelentes profesionales*).

A lo que me refiero es que en nuestra cultura somos muy dados a opinar sobre la vida y decisiones de los demás. Cuántas veces he escuchado conversaciones como esta: *"Anita, tengo un problema y necesito una amiga para que me escuche... No estoy segura de qué hacer, creo que mi esposo ya no me quiere, a veces pienso que ya no soy la única en su vida..."* Y rápidamente Anita (con toda probabilidad una buena amiga) comenta: *"Mira, tú lo que tienes que hacer es ir a un abogado y pedir el divorcio; ¡los hombres son todos iguales! ¡Ah, y asegura que te pase una buena pensión para hacerlo sufrir!"* ¡Ufff!

Aunque no voy a opinar sobre el contenido de esta conversación, voy sin embargo a utilizar esta conversación hipotética (casi real) como ejemplo de lo que representan y no representan las destrezas de empatía. Henri J. M. Nouwen, autor del libro "The Road to Daybreak: A Spiritual Learning" (n.d.), provee una idea bastante certera de lo que significa empatía y me encanta:

> *"Cuando podemos honestamente preguntarnos qué persona en nuestras vidas ha significado más para nosotros, frecuente identificamos a aquellos quienes, en*

> *vez de darnos consejos, soluciones o curas, han escogido compartir nuestra pena, y tocar nuestras heridas con el toque suave y cálido de su mano. El/La amigo(a) que puede permanecer silencioso(a) con nosotros en momentos difíciles o confusos, quien se queda a nuestro lado, tolera sin conocer, ni curar, ni sanar y enfrentar con nosotros la realidad de nuestra falta de poder, eso es un amigo a quien le importamos".*

Claro está, la observación que hace Nouwen sobre el término empatía no está basada necesariamente en escenarios típicos, sin embargo, te provee una idea del objetivo y éxito de esta destreza: **Tener la habilidad de colocarte en los zapatos emocionales de otra persona para descifrar sus mensajes emocionales, para así conectarte y entenderlos.** ¡Y punto! Empatía **NO** es juzgar a otras personas, o estar de acuerdo con sus ideas ni mucho menos dar consejos, a menos que te lo soliciten.

El proceso de empatía no depende solamente de la habilidad que pudieras tener para desarrollar o identificar las emociones de otras personas, sino más bien está relacionada con la capacidad de ponerte en el lugar de los demás y proveer una respuesta emocional apropiada. Se trata de expresiones adecuadas, libres de juicio para que la persona entienda tu mensaje de empatía correctamente. Este proceso te permitirá conectar con las demás personas. No hay sentimiento más frustrante que sentirte que otras personas no te comprenden o no comparten tu capacidad de ver el espejo suyo tal cual es.

Muchos matrimonios fracasan porque se activa en ellos un sentimiento o emoción de impotencia, porque perciben que su pareja no los entiende y eso a su vez produce sentimientos de soledad. Los desacuerdos tienden a estar más relacionados con la imposibilidad de ver una situación desde el punto de vista de tu pareja, mucho más allá del dilema en cuestión. Luego de treinta y tantos años de casada mi esposo y yo hemos podido llegar al entendimiento de que cuando estamos enojados, es porque tal vez una de las partes no quiere mirar más allá de su propio mundo y que debemos evaluar genuinamente las posibilidades de cómo lo ve la otra parte. Esto no significa que él tiene o no la razón. Significa que entonces, y solo entonces puedo conectarme emocionalmente con él, ser empática y entenderlo. No tengo que estar de acuerdo con él para lograrlo. Y créanme que esto no es fácil. Requiere práctica, paciencia, tolerancia y mucho pero que muuuuucho amor.

En tu mundo tú asumes que mandas tú, y por tanto asumes que tienes la razón (o por lo menos así lo crees la mayoría de las veces). No es hasta que puedes ver y evaluar las cosas desde los espejos de los demás que puedes verdaderamente evaluar la validez de tus ideas y balancearlas con las de los demás. Cubriremos un poco más de este aspecto cuando les comparta ideas sobre cómo puedes adquirir o aumentar tus destrezas de empatía. Vamos, vamos... paciencia.

Quiero aclararte: ser empático no es sentir pena por otras personas, o moverte a través de tus emociones para llegar a entender las emociones de los demás. No es dejarte "chupar", drenarte o absorber dentro de las emociones o dramas de los demás. Sabemos que existe mucho de esto a nuestro alrededor. Es más bien lograr imaginar cómo es el mundo de ellos. Evaluar cómo es la situación que ellos atraviesan, mirando observando y sintiendo a través de los ojos de ellos, NO LOS TUYOS.

117

¿Has intentado ponerte espejuelos recetados de otras personas? Te será difícil ver bien con ellos, ¿cierto? Pues eso es precisamente a lo que me refiero: al afinar tus percepciones, ideas y conclusiones sobre las demás personas no deberías utilizar tu propia visión, porque no lo verás con la misma claridad.

Si te mueves solamente entre tus emociones versus las de esa persona, entonces caerás en el riesgo de comenzar a evaluarla o juzgarla. Comenzarás tal vez a pasar juicio sobre lo que siente y piensa, ¡hasta convertirte en los abogados, psicólogos y médicos de su vida! Créanme que eso es lo menos que necesita o espera de ti.

Te sorprenderá saber las veces que una persona se acerca a ti para convidarte (confiarte) alguna situación o reto que está confrontando con el mero objetivo de ser escuchada. Tal vez porque confía en ti, porque se siente cómoda al conversar contigo. Recuerda que en muchas ocasiones solo desea ser escuchada. Por tanto, escúchala.

Piensa por un momento, cuéntame, ¿cómo te sientes cuando te encuentras con alguien que ha aprendido simplemente a escucharte cuando tienes un problema o una situación que te reta? Mucho mejor, ¿verdad?

Es natural que te sientas más atraído(a) por ciertas personas (por cierto, no estoy hablando de atractivo físico ni de enamoramiento) que otras. Lo cierto es que te sientes más cerca de aquellas personas que te entienden y por ende te es más fácil abrirte más a ellas. Carl Rogers, un psicólogo reconocido por su aportación en el área de la psicología humanística, expresó una vez:

> *"Qué requetebién se siente cuando alguien realmente te escucha sin juzgarte, sin tratar de responsabilizarse por ti y sin tratar de moldearte."*
>
> Carl Rogers

¡Qué difícil es lograr ese estado de apoyo incondicional hacia los demás! Esta es una definición práctica para ser genuinamente empático. Entonces, esto me provoca a retarte con la siguiente pregunta: *¿Qué cualidades deben poseer las personas empáticas?* Veamos.

Basado en lo que ya te he compartido, una de las destrezas principales requeridas para desarrollar buenas destrezas de empatía es **escuchar activamente**. Óyeme doctora, no insultes mi inteligencia, yo escucho muy bien, ¡No tengo problemas en ese departamento! Ajá.... Quiero que veas algunos ejemplos y luego me dices:

Empatía es reconocer y afirmar la emoción de otra persona. "Puedo entender por qué estás molesta. No es fácil aceptar que alguien te haga una promesa y que luego no la cumpla".

Mantener la calma ante una situación difícil a la vez que demuestras empatía por otras personas es precisamente lo que significa inteligencia emocional. Frases que pueden ayudarte al mejoramiento de procesos de empatía:

- Escucho que....
- Veo que....
- Es claro que deseas....

Buenos Días, INTELIGENCIA EMOCIONAL...

Una estrategia que puedes utilizar es usar el sistema de parafraseo. Parafrasear es una de las maneras más poderosas que las personas tienen para validar (comprobar) que has escuchado sin pasar juicio. El objetivo es ganar claridad en la información o conversación para dejarle saber a los demás que entendimos lo que leímos, vimos o escuchamos.

Indirectamente es interpretar el (los) mensaje(s). El valor del parafraseo es confirmar a la otra persona que le escuchaste, y permite confirmar si lo que la otra persona está comunicando está delineado con lo que tú escuchaste.

Parafrasear significa resumir o replantear una información usando otras palabras sin alterar el significado comunicado.

Puedes reconocer sentimientos y emociones de diferentes maneras, como por ejemplo:

- **Coraje:** Puedo escuchar que tienes coraje sobre....

- **Decepción:** Debes estar decepcionado(a) porque él no llegó a tiempo.

- **Frustración:** Es frustrante cuando no podemos rebajar por más que lo intentamos.

- **Satisfacción:** Me alegra saber que estás satisfecha con el regalo.

- **Apreciación:** Gracias por tus comentarios positivos. Me alegra saber que estamos haciendo bien nuestro trabajo.

Tu capacidad para expresar empatía está estrechamente relacionada con el arte de escuchar activamente. El arte de escuchar activamente es una destreza que te ayuda a entender:

- **Lo que otras personas desean comunicarte y poder traducir o construir correctamente esos mensajes**
Las personas se sienten apreciadas y escuchadas cuando así se lo expresamos.
Las personas aún no tenemos la habilidad de leer la mente humana (ni aún yo misma, por más que pensemos que sí). Por tanto, lo que resumamos de lo que entendemos de los demás va depender de lo que has escuchado, de sus palabras y de su comunicación no verbal o corporal. Si no escuchas atentamente (sin juicio), no podrías parafrasear adecuadamente y las demás personas eventualmente se darán cuenta de ello. No resumir lo que escuchas pudiera dar una impresión incorrecta de que no estás prestando atención a lo que la otra persona está comunicando.

- **Prevenir errores en la interpretación de la información que te están proveyendo**- Aun cuando parafrasees algún mensaje incorrectamente, esto te permitirá estar seguro(a) de aclarar el malentendido y ambos lograr alinear los mensajes.

- **Reunir información adecuada y correcta de cómo mejorar tu comportamiento cuando te están dando retroalimentación o insumo.**

- **Establecer y promover relaciones duraderas con las personas que valoras.**

Escuchar te permite saber qué es lo que las demás personas desean. Te ayuda también a elegir la manera más apropiada para responderles: el cómo, cuándo, y por qué. Te sorprenderás de cuánto tu pareja o hijos estarán dispuestos a decirte sobre lo que les pasa o piensan, si sienten que los estás escuchando sin juzgar.

Déjales saber que estás escuchando y reflexiona sobre lo que escuchaste, luego formulas comentarios o resúmenes que les confirmen que los estás escuchando. Comentarios positivos pudieran ser:

- Gracias por confiar en mí para contarme lo que te sucede. Déjame resumir lo que conversamos para estar seguro(a) que te entendí.

- Has hecho unos argumentos muy válidos y aunque no necesariamente estoy de acuerdo con tu pensar, entiendo tus ideas.

- Has propuesto varias alternativas, vamos a evaluar cuál pudiera ser el mejor curso de acción.

Ataré el tema de la empatía con expresión emocional en el siguiente capítulo y para que puedas evaluar como esto se enlaza al concepto con la comunicación efectiva.

EN SÍNTESIS: ▮

- Para entender las emociones de los demás, es importante utilizar la destreza de Empatía. La Empatía está estrechamente relacionada a la conciencia emocional que tienes de los demás. Empatía significa entender y con las emociones de una persona desde su punto de vista y referencia versus el nuestro. En fin, es colocarte en los zapatos emocionales de otras personas para conectar y entender.

- Escuchar activamente es una destreza que, cuando está desarrollada de manera adecuada, te permite entender esos mensajes emocionales que los demás comparten contigo.

- Parafrasear es una estrategia efectiva para confirmar que entendiste los mensajes que te conversan. Parafrasear significa resumir o replantear una información usando otras palabras sin alterar el significado comunicado.

Por tanto

1. ¿Cuán consciente estás de las emociones de los demás?

2. ¿Con qué frecuencia utilizas la destreza de empatía para reconocer cómo se sienten otras personas ante sus situaciones?

3. ¿En qué jerarquía te ubicas cuando escuchas a los demás?
   a. ¿Podrías distinguir cuando se trata de ti y cuando todo tiene que ver con ellos y sus emociones?

9
Pedro, ¿y cómo lo digo?

Aprovecha cada oportunidad para practicar tus destrezas de comunicación para que cuando surjan ocasiones importantes, tengas el don, el estilo, la agudeza, la claridad y las emociones para afectar a otras personas.

Jim Rohn

Una de las características que nos distinguen de otros seres vivientes es el don de la palabra.

Quiero conectar prontamente esta idea con el tema del uso y elección de las palabras y la inteligencia emocional. En particular: la destreza de la expresión emocional. Basado en el modelo de inteligencia emocional de Genos,

Buenos Días, INTELIGENCIA EMOCIONAL...

la expresión emocional está relacionada con la frecuencia que comunicamos (de manera eficaz) la expresión de las emociones.

Este capítulo completo se lo dedico a quien en un principio fue un cliente y luego se convirtió en buen amigo, Pedro Ramos; no protegeré su identidad ya que tengo su permiso para citarlo y así evitar confundirlo con tantos otros clientes y amigos que me permiten crecer como persona y como profesional. Pedro fue uno de los coachees que tuve la oportunidad de conocer y apoyar. Como líder, fue miembro del grupo gerencial dentro de una Cooperativa en la cual colaboré hace algunos años. Pedro participó, juntos con otros líderes, dentro de una Academia de Liderazgo que desarrollé para ellos.

Déjame contarte un poco sobre Pedro. Pedro fue uno de los clientes que causó un impacto en mí, porque fue el único cliente con el que inicialmente tuve un choque en nuestros conceptos de pensamientos durante las primeras etapas de nuestra relación profesional (choque, en un buen sentido de la palabra). Pedro es un líder muy comprometido con lo que hace y además es muy carismático. Sin embargo, en aquel tiempo era un miembro nuevo dentro de la organización y tuvo sus retos para lograr adaptarse a su equipo de pares a nivel gerencial. Sus retos se debían mayormente a las ideas y pensamientos que él asumía que eran correctas. Tal vez las asumió porque no generó un proceso de análisis o comunicación con los demás miembros de su equipo para lograr armonizar sus expectativas con las de ellos y viceversa.

Pedro posee (a mi entender) un estilo de comunicación directo y por esa razón, en ocasiones entraba en debates por el uso y elección de palabras. Cuando presentamos el tema de la comunicación en nuestra Academia de Liderazgo, Pedro no reconocía necesariamente la importancia de ese uso. Sin embargo, a través de los talleres, y las sesiones de coaching, fuimos creando un diccionario de palabras típicas que las personas tienden a utilizar. Creamos el diccionario para aprender a enriquecer el entendimiento de cómo las palabras emiten emociones. Fuimos insertando palabras típicas e incluimos una columna alterna donde íbamos incluyendo palabras alternas o sustitutas. Logramos analizar cada palabra y conversamos sobre el porqué esas palabras resultaban ser de mejor estilo y aceptación para las personas con las cuales conversamos. Y por arte de magia, ¡Pedro creyó!

Durante el transcurso de la Academia, y mientras estaba desarrollando el contenido de este libro, Pedro me sugirió que incluyera ese vocabulario en mi libro para que otros pudieran beneficiarse del mismo. Así es que Pedro, ¡gracias por tu sugerencia! También notarás que ha ido creciendo a través de mi práctica. Lo incluyo para el beneficio de otras personas y para los...¡Pedros de la vida!

Transformando tu Vocabulario

Palabras y frases que utilizamos frecuentemente	Sugerencia
Pero - Una palabra que tiene una connotación negativa, algo que no es bueno, una dificultad o un fallo. Implica también algo que pudiera estar "mal".	• Sin embargo • No obstante • Por tanto • Qué tal si • Aunque
Nunca- Jamás en la vida, ninguna vez Ej. Tú **nunca** me ayudas. El reto de las palabras que se mueven a los extremos es que rara vez algo es "nunca". Si ocurre aunque sea una sola vez, entonces ya no es "nunca" y la persona con quien conversas se sentirá ofendido(a) con tal aseveración. Para evitar llegar a "pecar" por equivocación, tenemos varias palabras alternas que pudieran reducir esa emoción. Las palabras nunca y siempre (presentadas en la siguiente fila) son palabras que a mi entender son falsas, porque muy pocas cosas en la vida tienen esa característica absoluta.	• Rara vez • En ocasiones • A veces
Siempre- Todo el tiempo, todas las veces, sin fallar Ej. Tú **siempre** estás enojado.	• Por lo general • En ocasiones • A veces
Problema- conflicto, molestia, complicación Ej. Tenemos un **gran problema**.	• Reto • Situación • Oportunidad

Palabras y frases que utilizamos frecuentemente	Sugerencia
Pelea- riña, discusión, rencilla, bronca *Ej. La **pelea** que tuvimos....*	• Desacuerdo
Debilidad o debilidades- flaqueza o falla, culpa, algo que no sirve o no funciona. *Ej. Una de las **debilidades** que tienes...* *Una de las **debilidades** que tengo...* La implicación de esta palabra es que si tenemos debilidades, estas no tienen solución, por lo cual nos resignamos a ellas.	• Áreas de mejoras • Oportunidad para trabajar o mejorar
Mal- incorrecto, imperfección, *Ej. Tú estás **mal** o tu idea **está mal**...* Esta palabra crea muchos retos en su uso porque implica que si alguien está mal, es porque otra persona está bien.	• Me parece que hay otra manera de pensar
Bien - Correcto, perfecto *Ej. Yo estoy **bien**...* La idea juega un proceso similar a la palabra anterior.	• Pienso que esta es una buena alternativa • Tenemos posturas diferentes, evaluemos cuál es la más conveniente para la situación que tenemos que resolver
Absurdo- disparatado, irracional *Ej. No seas **absurdo**...*	• Tu idea tal vez no surta buen efecto • Tu comportamiento pudiera no ser adecuado

Buenos Días, INTELIGENCIA EMOCIONAL...

Tony Robbins decía que para comunicarnos efectivamente, debemos darnos cuenta que todos somos diferentes, por lo cual percibimos al mundo de manera diferente. Estas diferencias nos sirven de entendimiento y guía para nuestros procesos de comunicación con los demás. ¡Toda una verdad! La comunicación tiene que ver con la manera en que construyes mensajes, una palabra a la vez. Es por eso que compartí en el primer capítulo de este libro mi 4ta filosofía de vida: **Todas, pero todas las palabras emiten emociones...** Veámosla ahora en el contexto de mis ideas. ¿Y qué hago cuando tengo coraje o estoy en una situación difícil o en un conflicto?

Cuando interactúas con personas que están molestas o con coraje contigo, es porque estás envuelto(a) en un conflicto y en muchas ocasiones se te hará muy difícil mantener la calma y el control. ¡Uff, dímelo a mí! Utilizando algunas destrezas de empatía e inteligencia emocional probablemente encontrarás formas efectivas de resolver estos conflictos.

Deja que la persona con la cual conversas...

- Tenga la oportunidad de comentar completamente los "issues" sin ser interrumpida (escuchar activamente)

- Se queje (paciencia)

- Ventee (tolerancia)

- Exprese coraje y sus frustraciones (se conecte con su emoción)

Una de las maneras en que puedes demostrar que alguien te importa es escucharlo(a). ¡Escuchar activamente es sumamente difícil cuando las emociones negativas están activadas! Escuchar envuelve poner a un lado tu ego y tu deseo de probar que estás en lo correcto. Sin embargo, no interrumpir te proveerá la excelente oportunidad de escuchar todos los argumentos que la otra persona pueda tener para entonces poder responder adecuadamente. No es posible resolver un conflicto si no tienes todos los datos, y escuchar a la otra persona te proveerá esa oportunidad. Reconozco que no te estoy pidiendo algo fácil. Cuando dos o más personas están envueltas en un conflicto, sienten la necesidad de defenderse y dejarle saber a los demás que no están en lo correcto.

Las personas, cuando tienen coraje o están molestas, tienden a tomar el control del momento (inclusive otros lo hacen todo el tiempo, pero esto es otro tema). Sin embargo, tú mantendrías las cartas a tu favor cuando les devuelves algún poder escuchándolas.

Vamos a darte un ejemplo para que puedas ver mejor el concepto aplicado en un comportamiento expresado.

"Mira, el problema es que siempre hay que hacer las cosas a tu manera. ¡Tú crees que porque eres el hombre, automáticamente decides todo! Pues no, eso no es así. Si ni tan siquiera escuchas lo que he dicho."

"Mira, como estás en tus cosas todo el tiempo, tampoco entiendes lo que significa estar de 10 a 12 horas diarias trabajando, llegar cansado y tarde, y encima crees que tengo tiempo para resolver todos los problemas de la casa y los muchachos. ¡Pues no! Como tú no puedes resolverlos, pues sí, hacemos lo que yo diga ya que no lo resolviste tú!"

"Esto no puede seguir así, prefiero estar sola que mal acompañada."

"Haz lo que tengas que hacer que yo también haré lo que tenga que hacer"

Definitivamente, no me voy a meter en este problema que presenté arriba. Sin embargo, quiero darte ideas de cómo cada persona puede incorporar algunas destrezas de empatía para mejorar los mecanismos de comunicación entre ellos. Antes de proveerte ejemplos, quiero compartir algunas reglas de comunicación que pueden ayudarte a mejorar tus procesos de comunicación.

Sugerencias para promover una mejor comunicación:

1. **El objetivo de la comunicación es: ¡Entender primero para luego ser entendido!** Si no estás atento a los mensajes de otras personas, entonces perderás la oportunidad de profundizar en los tuyos.

2. **No interrumpas cuando hablen, respeta el tiempo de los demás para hablar y que así ellos puedan reciprocarte.**
   ¡Escuchar es definitivamente un arte! Es una actividad que a veces es difícil de realizar. Sin embargo, cuando hayas adquirido esta destreza notarás que es una herramienta poderosa para comunicarte. En la misma medida las demás personas también aprenderán a escucharte.

3. **¿Estás verdaderamente interesado(a) en los puntos de vista de los demás?** De no estarlo, debes trabajar hacia ello. Los demás no se preocuparán por tus puntos de vista si perciben que tú tampoco estás preocupado por los puntos de vista de ellos. *Es una vía que fluye en ambas direcciones.*

4. **Cuando hagas una pregunta, asegúrate que deseas escuchar la respuesta.** Piensa en preguntas que te han enfadado o molestado en el pasado y mantenlas en mente cuando formules las tuyas. Haz preguntas sinceras.

5. **Trata los desacuerdos como una oportunidad de aprendizaje para todos.** En vez de reaccionar a la defensiva cuando escuchas planteamientos que no coinciden con los tuyos, aprende a responder con curiosidad y evaluar por qué ellos piensan así. Recuerda que si los demás te ven distinto a como en verdad eres, entonces debes analizar por qué, y buscar maneras para que te vean tal cual eres.

6. **Proveer retroalimentación o insumo (en buen español, "feedback") debe estar enfocado en el comportamiento específico,** no en la persona. Cuando te sientes atacado(a), también tiendes a atacar. Sin embargo, el insumo debe estar relacionado a la conducta (lo que hizo o no hizo) en lugar de atacar a la persona. Por ejemplo, no digas, "es que tú siempre eres desconsiderado conmigo". Puedes reemplazar el mensaje diciendo, "A veces siento que no me tomas en consideración cuando

tomas decisiones antes de hablar conmigo".

7. **Confirma que la otra persona entendió la comunicación mediante preguntas para aclarar.** "A ver si te entendí....", "Entonces, lo que entiendo es que...", "Significa que....", "Creo que ahora entiendo tu punto de vista porque dices...". Estas frases marcan toda la diferencia en la manera en la cual las otras personas responden.

8. **Estar alerta a tu comunicación corporal (no verbal) cuando estés hablando.** La comunicación corporal o no verbal nos dice más que la verbal. Asegúrate que una apoye o confirme a la otra. ¿Has escuchado la frase "un gesto vale más que mil palabras"? Pues en momentos de crisis, a veces, ¡grita más que mil palabras por segundo!

Tener conciencia de las emociones propias y de los demás es un componente esencial dentro del proceso de la inteligencia emocional. La comunicación efectiva es el vehículo principal para lograrlo. Escuchar y ser escuchados con eficiencia emocional te dará la oportunidad de conducirte al éxito de las relaciones interpersonales, tanto al nivel profesional como el personal.

Tus gestos, muecas, manos y tono de voz son parte del proceso de comunicación y les deja saber a otras personas lo que verdaderamente estás pensando. Mientras hablas debes estar atento(a) a las señales de tránsito que envías a los demás.

EN SÍNTESIS

- El uso y elección de palabras tienen efectos emocionales en los demás. Por tanto, es beneficioso incrementar tu conciencia emocional sobre cómo las palabras o vocabulario que utilizas, especialmente en situaciones o conversaciones difíciles, tienen un efecto en los demás.

- Una buena comunicación tiene que ver con la manera en que construyes tus mensajes, una palabra a la vez, porque, ¡Todas las palabras emiten emociones!

Deja que la persona con la cual conversas...

- Tenga la oportunidad de comentar completamente los "issues" sin ser interrumpida (escuchar activamente). Recuerda, el objetivo de una buena comunicación es entender primero para luego ser entendido(a)

- Se queje (paciencia)

- Ventee (tolerancia)

- Exprese coraje y sus frustraciones (se conecte con su emoción)

Debes estar atento de que tu comunicación verbal y no verbal vayan en la misma dirección para evitar mensajes confusos.

Buenos Días, INTELIGENCIA EMOCIONAL...

Por tanto

1. ¿Cómo describes tus estilos de comunicación?
   a. ¿Cuando tienes coraje?
   b. ¿Cómo cambian cuando estás feliz?

2. ¿Cómo puedes validar el efecto que tienen tus estilos de comunicación en otras personas?
   a. ¿Qué estrategias y destrezas pudieras usar?

10
El Final es solo tu Principio

El peligro más grande en la vida no es que apuntemos muy alto y fallemos, sino que busquemos muy bajo y lo alcancemos.
Michelangelo

L as emociones son una de las características más indispensables para tu supervivencia, comunicación y solución de problemas (Greenberg, 2002). Si solo utilizas tu intelecto y razonamiento para analizar y tomar decisiones sobre las cosas que te rodean, entonces podrías perder la oportunidad de crear un balance entre tu intelecto y tus emociones. Las emociones son filtros efectivos para entender mejor el mundo que te rodea. Mi expectativa es que estas herramientas que he compartido contigo te proveerán mayores probabilidades de llegar a donde deseas en la vida. Si decides embarcarte en este mundo de conocerte mejor y por ende conocer tus emociones, te aseguro que eventualmente tendrás mejores conocimientos y experiencias para identificar aquellas áreas que te harán más efectivo(a) que otras, y en qué situaciones aplicarlas.

Ahora recuerda: No eres responsable de salvar a las demás personas ni de pensar que estas herramientas son para que puedas cambiar a las personas que continuamente se relacionan contigo. ¡La salvación es individual! Si cada individuo evalúa su vida, y decide mejorar las áreas que lo retan, entonces por deducción todos los seres humanos caeremos en una interrelación perfecta. Por ende, utiliza tus energías en ti. Cada uno es responsable de llevar sus propias cargas. Lo más importante que deseo que evites es, ¡honrar la definición del loco! (Una de mis filosofías de vida, ¿recuerdas?)

La Relación entre las Emociones y la Satisfacción de Vida

Aunque no estés completamente consciente de ellas, utilizas las emociones tanto en tu vida personal como profesional. De manera lógica sabes que las emociones mueven a las personas. Nadie que ha retado a su jefe en una conversación, criado un hijo o compartido con un ser amado puede negar que las emociones son una de las fuerzas más poderosas en la interacción humana. El nivel de satisfacción que evalúas periódicamente en tu vida es definido a través de tus emociones. Toma unos minutos y reflexiona sobre las siguientes preguntas:

- ¿Cómo calificas tus metas profesionales y personales con respecto a lo que te habías trazado?

- ¿Cómo defines tu relación con tu pareja en estos momentos?

- ¿Cuán satisfecho te sientes con el número de amigos/amigas que tienes y el nivel de relación con ellos?

Determinar la respuesta adecuada a cada una de estas preguntas no es fácil. Primero, porque tal vez no tienes el hábito de hacer reconocimiento sobre tus sentimientos con respecto a estas preguntas. Segundo, en ocasiones piensas que no tienes una idea clara de qué cambios quisieras hacer para mejorar tus contestaciones y tercero, con toda probabilidad las respuestas pudieran cambiar de tiempo en tiempo dependiendo de los eventos o cosas que están pasando en tu vida y en el medio ambiente.

Por estas razones, obtener respuestas que te satisfagan pudiera requerir hacer un reconocimiento emocional de la situación para luego evaluar qué decisiones impactarían de manera positiva aquellos aspectos que deseas cambiar. Parece complejo, ¿verdad? Con la práctica, los misterios de las emociones serán más claros.

Reconozco que quizás no obtendrás respuestas que te satisfagan en todo momento o en todas las preguntas. Sin embargo, si aprendes a reconocer o interpretar los mensajes que te envían tu cuerpo, mente y emociones obtendrás un nivel más alto de probabilidad de manejar la dirección de tus respuestas. Es entonces, y solo entonces cuando podrás

Buenos Días, INTELIGENCIA EMOCIONAL...

alinear todos los elementos de tus palabras, emociones y comportamientos en una misma dirección. Como te comenté, las emociones son mensajes que envían mucha información sobre el mundo que te rodea de manera continua:

- ¿Qué te indican tus emociones cuando tienes coraje?
• ¿Cuándo estás triste?

El reto es que tiendes a no hacerles mucho caso a tus sentimientos ya sea porque la respuesta que te envían no te gusta o simplemente porque crees que es muy complicado tratar de descifrarla.

Si evalúas los dilemas que te presenté en el Capítulo 1, verás que cuando adquieras una conciencia más activa de que vivimos en un mundo de espacios compartidos con otras personas y que nuestra existencia es una asociación perfecta basada en nuestros espacios compartidos, entonces y solo entonces ocurrirán dos cosas:

1. Tendrás más consideración sobre cómo impactas a los demás, porque te darás cuenta de cómo tus valores guían tu pensar y por ende tus acciones.

2. Evaluarás de manera natural cómo conectarte con, e influenciar positivamente a los demás.

"Doctora, ¿y cómo aplico todas estas ideas y conceptos que me has compartido en este libro? ¿Cuándo podré ver los resultados?"

Hay un refrán que dice que las cosas que más trabajo nos dan son las que más apreciamos al final del camino. Sin embargo, a veces nos desesperamos cuando intentamos hacer cambios, tal vez porque nos arriesgamos a sentir que lograr nuestros objetivos cuesta más trabajo y que la ganancia aparenta ser poca. Quiero compartir una historia que utilizo en mis talleres. La historia te permitirá poner en perspectiva el mensaje final sobre cómo saber cuándo llegaste a tu nueva travesía.

"El Bambú Japonés"

"No hay que ser agricultor para saber que una buena cosecha requiere de buena semilla, buen abono y riego constante. También es obvio que quien cultiva la tierra no se impacienta frente a la semilla sembrada, halándola con el riesgo de echarla a perder, gritándole con todas sus fuerzas: ¡Crece, por favor!

Hay algo muy curioso que sucede con el bambú japonés y que lo transforma en uno no apto para impacientes: siembras la semilla, la abonas, y te ocupas de regarla constantemente. Durante los primeros meses no sucede nada apreciable. En realidad no pasa nada con la semilla durante los primeros siete años, a tal punto que un cultivador inexperto estaría convencido de haber comprado semillas infértiles.

Sin embargo, durante el séptimo año, en un período de solo seis semanas la planta de bambú crece, ¡más de 30 metros! ¿Tardó solo seis semanas en crecer? No, la verdad es que se tomó siete años y seis semanas en desarrollarse.

Durante los primeros siete años de aparente inactividad, este bambú estaba generando un complejo sistema de raíces que le permitirían sostener el crecimiento que iba a tener después de siete años.

Sin embargo, en la vida cotidiana, a veces queremos encontrar soluciones rápidas y triunfos apresurados, sin entender que el éxito es simplemente el resultado del crecimiento interno y que este requiere tiempo.

De igual manera, es necesario entender que en muchas ocasiones estás frente a situaciones en las que crees que nada está sucediendo. Y esto puede ser extremadamente frustrante. En esos momentos (que todos hemos confrontado), recuerda cuál es el ciclo de maduración del bambú japonés y acepta que, en tanto en cuanto no bajes los brazos ni abandones por no "ver" el resultado que esperas, sí está sucediendo algo dentro de ti... Estás creciendo y madurando. Quienes no se dan por vencidos, van gradual e imperceptiblemente creando los hábitos y el temple que les permitirá sostener el éxito cuando este al fin se materialice.

Si no consigues lo que anhelas, no desesperes... quizás solo estés echando raíces..."

Epílogo ∎

"Sugiero que te obsesiones con las cosas que deseas; de lo contrario estarás la vida entera obsesionado con crear excusas sobre por qué no obtuviste la vida que deseabas."
Grant Cardone

Te dejo con estas últimas ideas sobre cómo podrías comenzar a crear un plan de acción para ti:

Identifica aquellas áreas que actualmente te retan. Por ejemplo, la relación con tu pareja (sé puntual y específico(a)). No escribas: Mejorar la relación con mi pareja. Esta oración no te ayudará mucho, a menos que añadas otras consideraciones más específicas, como por ejemplo:

1. Mejorar la manera en que se resuelven los problemas con sus hijos sin tener que terminar en pelea o discusiones negativas.

2. Evaluar métodos alternos de cómo hablar con él/ella, cuando tengo coraje, o mejor aún:

3. Lograr identificar de manera más consciente cuándo tengo coraje para no desquitarme con mi pareja.

¿Vas entendiendo la idea?

Una vez que identifiques lo que deseas resolver, entonces comienza con identificar los cambios deseados. ¿Te acuerdas el cuadrante de acción que te presenté en el Capítulo 3? Pues en esta etapa es que esta herramienta sería útil para facilitarte un plan de acción:

Cuadrante de Cambio (o Acción)

¿QUÉ PUDIERAS *COMENZAR* A HACER?

En este cuadrante puedes anotar aquellas cosas que no estás haciendo actualmente. Si las añades como actividades probablemente esto te ayudará a identificar estrategias y actividades que pudieran producirte mejores resultados.

Ejemplo: Tal vez tu hijo se queja de que solo le dices algo cuando está haciendo algo mal. Por tanto alguna actividad que puedes añadir en este cuadrante es: Debo comenzar a alabar a mi hijo cuando hace alguna acción positiva.

¿QUÉ PUDIERAS *DEJAR* DE HACER?

En este cuadrante puedes anotar aquellas cosas que haces actualmente que son las que te ocasionan retos. Eliminarlas pudieran producirte mejores resultados.

Ejemplo: Tu esposa (o) te dice que cuando están en grupo tiendes a comentar sobre temas que son privados o personales. Por tanto, una actividad que puedes añadir en este cuadrante es: Debo dejar de compartir temas que son de pareja. Si estoy en duda, no debo comunicarlo.

¿QUÉ PUDIERAS HACER *MÁS?*

En este cuadrante puedes anotar aquellas cosas que tal vez haces y que no están del todo incorrectas, mas sin embargo, si aumentas su frecuencia, pudieran producirte mejores resultados.

Ejemplo: Tu amiga(o) indica que eres una persona negativa, y que cada vez que conversan solo le buscas el ángulo negativo a las cosas (¡Alguna similitud con el mundo real, es pura coincidencia!). Por tanto, una actividad que puedes añadir en este cuadrante es: Balancear más tus puntos de vista con otros de manera más objetiva y positiva. Así lograrás ver las situaciones de manera balanceada y optimista.

¿QUÉ PUDIERAS HACER *MENOS?*

En este cuadrante puedes anotar aquellas cosas que tal vez haces y que no están del todo incorrectas, mas sin embargo, si reduces su frecuencia, pudieran producirte mejores resultados.

Ejemplo: Tu compañero(a) comenta que cuando te da un consejo te vuelves defensivo(a) y por eso ha decidido no comentarte más lo que piensa. Por tanto una actividad que puedes añadir en este cuadrante es: No activar tus defensas. Cuando te provean una opinión sobre ti, haz más preguntas, pide ejemplos y solicita alternativas o sugerencias. Acepta las ideas de los demás, aun cuando no coincidas con ellas.

Buenos Días, INTELIGENCIA EMOCIONAL...

Gracias por leer este libro, y, lo que es más importante, por el deseo que tienes de invertir en tu bienestar y de mejorar tu interacción con las demás personas, y desear estar en armonía contigo y con aquellos que te rodean. Confío haber aportado en algo y haber logrado una diferencia positiva en tus metas y objetivos, aunque sea con un granito de arena. Aquí quedo a tus órdenes.

¡Te deseo mucho éxito y gracias por caminar esta travesía conmigo!

Referencias ▋

Adams, Marilee, (2015). Change your questions change your life. 12 powerful tools for leadership, coaching, and life. Berret-Koehler Publishers, Inc: San Francisco, CA.

Compton, W.C., (2005). Introduction to Positive Psychology. Thomson Wadsworth: CA

Fridja, N. H., (1988). The Laws of Emotion. American Psychological Association, Inc. (43), 5, 349-358, Washington, DC

Goleman, Daniel, D., (2006). Social Intelligence: The new science of Human Relationships. Random House: NY.

Goleman, Daniel, D., (1998). Working with Emotional Intelligence. Bantam Dell: NY

Goleman, Daniel, D., (1995). Emotional Intelligence. Bantam Dell: NY

Kagan, Jerome, J., (2007) What is Emotion? History, measures and meanings. Bail-Vallou Press: NY.

Joe-Harris, L. (2011). An examination of the relationship between personality type, emotional intelligence and employees - job performance. (Doctoral dissertation. Capella University). Retrieved from http://search. proquest.com.library.capella.edu/docview

Leslie, Greenberg, S. (2002). Emotion-Focused Therapy. Coaching clients to work through their feelings. American Psychological Association, Inc.: Washington, DC

Ramos-Cortés, E. (2014). How do managers at an insurance company in Puerto Rico apply emotional intelligence competencies after training and coaching. (Doctoral dissertation. Capella University). Retrieved from http://search.proquest.com.library.capella.edu/docview

Buenos Días, INTELIGENCIA EMOCIONAL...

La Doctora Concepción es la Presidenta de
Strategies for Success.
Puedes comunicarte con ella de las siguientes maneras:
econcepcion@strategies-coaching.com
Teléfono: *(787) 439-0924*
*www.**strategies-coaching**.com*

Buenos Días,

INTELIGENCIA EMOCIONAL...

Dra. Emilia Concepción, PhD, PCC